KB233497

개정판

플라토닉 러브

불멸을 향한 그 영혼의 비밀

개정판

플라토닉 러브

불멸을 향한 그 영혼의 비밀

조무남

이담 Books

신들은 모두
어디로 갔는가

2005년 겨울 어느 날 밤, 나는 아테네의 아고라agora 한가운데에 서서 불 밝힌 아크로폴리스Acropolis를 올려다보고 있었다. 허물어진 신전을 휘감고 있는 차가운 공기가 밤하늘을 적막으로 가득 채우고 있을 때, 문득 한 가닥의 괴이한 의구심이 뇌리를 스쳤다. '그 많은 신전들은 저렇게 무너졌는데, 거기에 살던 신들gods은 모두 어디로 갔는가.'

신들은 불멸immortality의 속성을 가지고 있으니, 그들에겐 원래 죽음이란 것이 따로 없지 않은가. 그런데 그들에게 죽음이 없다면, 그들이 간 곳은 도대체 어디란 말인가. 질문에 질문이 꼬리를 물었다.

하지만 이런 질문보다 더 근원적인 질문이 있었다. 신들은 원래부터 존재하는 것이어서 우리가 그들을 '발견해 낸 것'인가. 아니면, 언젠가 우리가 '만들어 낸 것'인가. 오래전부터 인간들이 묻고 또 물었던 질문들이다.

그런데 만약 저 신전에 살던 신들이 우리와는 상관없이 원래부터 그렇게 존재했던 것이라면, 그들이 언제, 어떻게 태어나서 어디로 갔는지에 대한 의문은 별로 흥미로울 것이 없다는 생각이 들었다. 하지만 그런 것이 아니라, 우리가 그들을 만들어 냈다면, 우리 인간과 그들은 끊으려 해도 끊을 수 없는 인과적因果的 관계에 묶여 있을 것이라는 생각이 들었다. 그리고 우리 인간은 그들을 만들면서 그들에게 '영원함'은 물론, 우리가 소망하는 여러 의미들을 부여했을 것이라는 생각도 들었다. 아닌 게 아니라, 우리는 어느 신을 '정의의 신'이라 하고, 또 어느 신을 '아름다움의 신'이라 하며, 또 다른 신을 '이성의 신'이라 하지 않는가. 인간이 신들을 만들고 그들에게 각각 인간의 여망을 불어넣었다는 뜻이다. 이 두 번째 생각이 첫 번째 생각보다 훨씬 더 흥미로웠다. 뿐만 아니라, 보다 논리적이고 설득력도 있어 보였다.

　그런데 신전은 무너지고 그 안에 살던 신들은 보이지 않으니, 그들은 어디로 갔는가. 혹시 인간에게로 다시 돌아온 것은 아닌가.

　아닌 게 아니라, 인간이 처음 신들을 만들 때, 인간은 그들을 사랑했을 것이고, 신전을 지어 그들을 그 안에 안치했을enshrined 것이 아닌가. 그리고 그들을 사랑함으로써 그들이 가지고 있는 속성들을 나누었을 것이 아닌가. 그렇게 되었다면, 인간은 신들의 속성들을 나누어 가지게 sharing 되었을 것이고, 그 결과 그 신들과 하나가 되었을union 것이 아닌가. 또 그렇다면 그 신들은 결국 그 속성을 나누어 가진 인간에게 다시 돌아왔다는 말이 되지 않는가. 신과 인간 사이에 이루어지는 이 사랑의 밀회密會는 '인간이 신이 되고, 신이 인간이 된다'는 이야기가 된다. 인간이 신이 되고, 신이 인간이 되는 이 가역적可逆的 도식圖式은 인간과 신 사이의 단절 없는 존재방식을 설명해 주는 참으로 아름다운 이야기가 아닐 수 없다.

⁂

하지만 인간이 신의 속성을 나눈다는 말은 무슨 뜻이고, 그것을 나누어 하나가 된다는 것은 또 무엇인가. 신과 인간 사이에 이루어지는 이 나눔을 우리는 아폴론과 소크라테스 사이에서도 볼 수 있지 않는가. 그리고 이들 사이에 이루어진 밀회의 방식은 지혜의 사랑이었지 않은가. 그렇다. 아폴론이 이성의 신이고 소크라테스 또한 이성의 길을 따른 구도자였으니, 이들 사이에 이루어진 사랑은 아폴론의 속성, 곧 지혜를 사랑하여 그것을 나누는 것이었을 것이다.

'지혜의 사랑'은 '필로소피아philosophia'였다. 그리고 필로소피아는 이성의 신 아폴론과 인간 소크라테스 사이에서 이루어진 독특한 유형의 사랑이었다.

⁂

'필로소피아'라는 말은 고대 그리스의 수학자 피타고라스가 처음 사용했다고 전한다. 그러나 이 그리스어는 소크라테스의 제자 플라톤이 스승의 행적을 그려낸 말로 우리에게 더 깊이 각인되어 있다.

'필로소피아'는 '필리아philia'와 '소피아sophia'의 합성어다. '필리아'는 '사랑'을 뜻하고, '소피아'는 '지혜'를 뜻하니, '필로소피아'는 '지혜의 사랑'을 뜻한다. 플라톤은 '지혜의 사랑', 곧 '필로소피아'를 「향연」과 그 밖의 대화편에서 주제로 삼았다. 그래서 사람들은 '필로소피아'가 함축하고 있는 이 '사랑'을 '플라토닉 러브Platonic love'라고도 했다.

　'지혜의 사랑'은 소크라테스가 이성의 신을 사랑하는 데 보여준 열정을 묘사해 낸 말이지만, 그 열정은 예사로운 것이 아니었다. 이성에 대한 소크라테스의 열정은 그의 타고난 기질이었을 수도 있지만, 그것은 또한 델포이의 신 아폴론이 그에게 내린 일종의 신기神氣였을지도 모른다.

　어떻든 소크라테스는 '아테네에서 가장 현명하다'는 아폴론의 신탁神託을 받았고, 신전에 새겨진 '너 자신을 알라Gnothi seauton'라는 경구를 자기 것으로 삼았으니, 이만하면 그가 신의 기운을 받았다고 말하기에 충분하지 않겠는가.

　소크라테스는 이성logos을 사랑했다. 그는 그리스의 신들 가운데 특히 아폴론을 사랑했다. 그리고 아폴론은 태양의 신이자 이성의 신이니, 소크라테스가 아폴론을 사랑한 것은 아폴론의 속성, 곧 이성을 나누어 가지려 했다는 이야기가 된다.

　'인간이 신을 만들고, 그 신의 속성을 사랑하여 나누어 갖는다'는 이야기는 그날 밤 아고라에서 이런 생각 저런 생각 끝에 얻어낸 명제였다. 이렇게 생각한다면, 그리스의 그 많은 신들은 결국 자신들을 만든 인간에게로 회귀回歸했다는 이야기가 된다. 인간 영혼이 신들을 만들고 그 신들을 사랑하여 그들의 속성을 나누어 가진다는 것은 참으로 아름다운 인간과 신들의 사랑 이야기일 뿐만 아니라, 인간이 어떻게 인간답게 되어가는지를 그려내는 인간 미학의 극치가 아닐 수 없을 것이다.

# Contents

프·롤·로·그

신들은 모두 어디로 갔는가 4

01 아폴론의 화신 소크라테스 11

02 아폴론의 비의 35

03 소크라테스는 왜 아고라로 갔는가 49

04 사랑이란 무엇인가 65

05 아름다움이란 무엇인가 83

06 플라토닉 러브의 미학 101

07 '사랑'을 벗어난 사랑 121

08 신의 길을 가로막은 권력 145

09 신을 재판한 인간의 아집과 오만 161

10 아름답고 선한 영혼의 사랑 183

에·필·로·그

플라토닉 러브, 불멸을 향한 그 영혼의 비밀 198

참고 문헌 204

아폴론의 화신
소크라테스

라파엘로의 작품 「아테네학당」에는 인류 지성사에서 이성의 여명기를 찬란하게 수놓은 철학자, 수학자, 천문학자, 정치가, 예술가들이 등장한다. 이 작품은 교황청에 있는 벽화로, 교황 율리우스 2세가 화가 라파엘로에게 부탁하여 그린 것이다. 라파엘로가 이 그림을 그리고 있을 당시, 같은 교황청 시스티나 성당에서는 미켈란젤로가 천정에 그 유명한 「천지창조」를 그리고 있었다.

라파엘로는 「아테네학당」에 자신을 포함하여 54명의 인물들을 올렸다. 이들은 같은 시대에 살았던 인물들이 아니다. 이들 가운데에는 피타고라스도 있고, 라파엘로 자신도 있으니, 이들의 시대 간격만도 무려 15세기나 된다.

그런데 「아테네학당」의 왼쪽 벽을 보자. 거기에는 소크라테스의 운명을 좌우한 아폴론 상이 안치되어 있다. 수금竪琴을 들고 있는 아폴론은 음악의 신이지만, 이성의 신 혹은 태양의 신이라고도 부른다. 철학과 신학을 상징한다. 인류는 지혜를 갈망했고, 신을 만들어 그것에 지혜의 덕을 부여했다.

라파엘로의 「아테네학당」

　「아테네학당」에서 정문을 걸어 나오고 있는 건장하고 우뚝한 두 인물들은 우리에게 친숙한 플라톤과 아리스토텔레스다. 플라톤의 모습은 라파엘로가 평소에 존경하던 조각가 미켈란젤로의 모습으로 투영해냈다. 그만큼 그는 존경하던 인물을 놓치고 싶지 않았던 모양이다. 그 결과 우리는 여기에서 플라톤의 참 모습을 찾기가 어렵게 되었다. 플라톤은 '대화'를 뜻하는 「티마이오스Timaios」라는 책을 옆구리에 끼고, 오른손으로는 이데아를 상징하는 하늘을 가리키고 있다. 반면에 아리스토텔레스는 「니코마코스 윤리학」을 허리에 받쳐 들고, 오른손으로 현실 세계를 상징하는 땅을 가리키고 있다. 그는 플라톤의 제자이자 알렉산더 대왕의 스승이었다.

　「아테네학당」에서 몇 명의 인물들을 더 찾아보자. 아리스토텔레스 앞에 파란 망토를 걸치고 비스듬히 누워 행패를 부리듯 파격적인 행동을 보이고 있는 사람은 기원전 5세기경의 디오게네스다. 그는 인류 문명에 저항하면서 한

벌의 옷과 한 개의 지팡이와 자루를 메고, 통 속에서 산 사람으로 유명하다. 자연인이었다. 그가 개처럼 통 속에서 살았기 때문에 사람들은 그와 그의 학파를 '견유학파'라 했다. 당시 알렉산더 대왕이 그를 찾아와 '원하는 것이 무엇인가'라고 물었을 때, 그는 '아무것도 필요 없으니 제발 햇빛이나 가리지 말아달라'고 하여 대왕을 무안케 했다는 일화가 있다.

앞 줄 가운데에서 왼손으로 턱을 고이고 생각에 잠겨있는 사람은 헤라클레이토스다. 그의 뒤에 파란 망토를 두르고 아래를 보고 있는 사람이 철학자 파르메니데스다. 앞 줄 왼쪽에서 책에 열심히 무엇인가를 기록하고 있는 사람이 수학자 피타고라스, 그에게 칠판을 내밀어 보이는 사람이 소크라테스의 스승인 아낙사고라스다. 그밖에 자연철학자 아낙시만드로스, 또 자연 철학자 데모크리토스, 녹색 모자를 눌러쓴 철학자 제논, 상체를 벗고 있는 사람이 디아고라스, 그 뒤에 머리만 보이는 사람이 소피스트의 원조 고르기아스, 그 옆으로 스승 소크라테스의 명예를 갉아먹은 정치가 크리티아스, 소크라테스의 애제자이자 군인이며 정치가인, 그러나 스승을 너무도 철저히 배반한 알키비아데스, 역사 저술가인 크세노폰, 토가를 걸치고 제자들 앞에서 무엇인가에 관하여 열변을 토하는 대머리의 소크라테스, 그 옆에 녹색 옷을 입고 전혀 관심이 없는 표정을 짓고 있는 알렉산더 대왕, 흰 아랫도리를 입고 팔짱을 낀 플라톤의 애제자 크세노크라테스, 상체를 구부리고 수학자답게 컴퍼스를 들고 무엇인가를 열심히 설명하고 있는 유클리드, 천구의를 든 사람이 조로아스터교의 창시자 조로아스터, 그 앞으로 뒷머리만 보이는 사람이 천문학자 프톨레마이오스, 교황청의 부탁을 받아 「아테네학당」을 그린 검은 모자의 라파엘로 등이 우리가 잘 아는 위대한 인물들이다. 거기에는 라파엘로가 사랑한 여인도 들어 있다.

이들 가운데에는 스승도 있고 제자들도 있다. 소크라테스는 스승이고 플라톤은 제자다. 소크라테스가 후일 독배를 마시기 직전 배심원들에게 한 변론에서, 자신은 누구의 스승도 아니고 누구를 가르친 적도 없다고 했으나, 우리가 역사에서 알고 있는 플라톤뿐만 아니라, 알키비아데스와 크리티아스는 분명 소크라테스의 제자다. 그러나 플라톤의 스승으로서 소크라테스는 성공한 스승이었지만, 알키비아데스와 크리티아스의 스승으로서 소크라테스는 실패한 스승이었다. 알키비아데스는 조국을 배반하고 적국 스파르타와 페르시아로 망명했으며, 크리티아스는 30인으로 구성된 과두파를 이끌면서 반대파에 속한 무수한 사람들을 숙청했다. 훌륭한 스승 밑에는 스승의 기대를 넘는 기라성 같은 제자들도 있지만, 또한 그 스승을 철저히 배반하는 제자들도 있기 마련인가 보다.

그러나 우리는 이 가운데에서 소크라테스를 다시 기억해야 한다. 그는 비록 「아테네학당」의 한가운데로부터 자리를 비켜서 있지만, 그는 아폴론을 사랑하여 아폴론이 가지고 있는 속성, 곧 이성을 나누어 가진 사람이었다. 그는 신의 사람이었다. 그는 「아테네학당」에서 가장 남루한 옷을 걸치고 있는 사람이었지만, 인류 역사에서 신과 인간 사이의 거리를 가장 가깝게 축소시킨 빛나는 영혼을 가진 존재였다.

역사 속의 소크라테스

소크라테스를 마치 전설 속의 인물이라고 생각하는 사람들이 적지 않다. 하지만 그는 결코 그런 인물이 아니다. 그는 인류의 생생한 역사 속에 등장하는 사람이었다. 그는 아테네의 알로페케에 호적을 둔 시민이었고, 조각가인 아버지 소프로니스쿠스와 산파인 어머니 파에나레테의 아들로 기원전 469년에 태어난 역사 속의 인물이다. 그는 49세경에 크산티페와 결혼했다. 우리에게 악처로 소문난 그의 부인 크산티페는 소문과 같이 소크라테스에게 어울리지 않는 여인은 아니었던 것으로 보인다. 그녀는 괜찮게 사는 가문의 출신이었다. 그녀 이름 끝부분에 붙은 'hippe'는 말ippos을 기르는 부유층 가문의 이름에 붙는 것이었다. 당시는 말을 한두 필만 소유해도 특권을 누릴 수 있는 사회였다고 한다.

▼ 소크라테스

말의 소유는 한 집안의 경제적 지표이자 사회적 과시의 수단이 되기도
했다.

소크라테스가 독배를 마실 당시 그에게는 세 명의 아들들이 있었다.
람프로클레스, 소프로니스쿠스, 그리고 메넥세누스였다. 소크라테스에
게는 경제적으로나 사회적으로, 그리고 가정적으로도 크게 부족한 것
이 없었던 것으로 보인다. 더욱이 그의 아버지는 정계에 종사하는 사람
들과 연결되어 있었고, 그 자신도 가르치는 일에 종사한 일이 있어 엘
리트 사회에 출입하는 것은 어려운 일이 아니었다.

당시 아테네 사회는 무엇보다 교육을 중요하게 생각했다. 그런데 그
런 교육을 받으려면 우선 먹고 사는 일의 제약으로부터 자유로워야 했
다. 여가를 누릴 수 있어야 했다는 뜻이다. 소크라테스도 어느 정도의
여가는 누릴 수 있었던 것으로 보인다.

'여가'는 고대 그리스에서 '교육'과 관련되는 중요한 단어였다. 여가
는 교육의 전제 조건이었다. 사실, 여가의 의미를 제대로 이해하지 못하
면, 우리는 지금도 교육을 제대로 이해하지 못한다. '여가'는 우리가 일
상에서 사용하듯이, 아무 것도 하지 않고 가만히 쉬고 있는 것을 뜻하
는 단어가 아니었다. 그것은 정치적으로나 사회적으로나 경제적으로나
종교적으로 방해를 받지 않는 상태를 일컫는 단어였다. 인간은 무엇인
가로부터 제약을 받지 않아야 자신의 능력을 제대로 발휘할 수 있다는
말은 예나 지금을 가릴 것 없이 타당하다.

'여가'를 뜻하는 고대 그리스어 '스콜레schole'는 영어에서 '학교'를 뜻
하는 '스쿨school'의 어원이다. 그 의미는 다소 변화되었지만, 오늘날 우
리가 다니는 '학교'는 고대 그리스에서 '여가를 가진 사람들이 모여 공
부하는 곳'이었다.

소크라테스는 그의 나이 30이 넘어 여가를 누리는 사람들과 접촉했던 것으로 보인다. 그가 소피스트들을 만난 것도 이때부터였다. 소크라테스 당시 소피스트 가운데 가장 명성을 크게 떨친 사람은 프로타고라스였다. 프로타고라스는 '인간이 만물의 척도'라고 했다. 그는 소크라테스와는 정반대로 객관적 지식의 존재와 그 가치를 인정하지 않았다. 그는 인간이 세상을 어떻게 보느냐에 따라 진리는 결정된다고 주장하는 철학자였다. 그러나 소크라테스는 아폴론 신을 따라 필연적이고 논리적인 사고 위에서 참된 지식과 그 가치를 찾으려고 했다. 소크라테스는 사고의 논리를 벗어나 정서적, 주관적 관심을 따르는 소피스트들의 진리관은 사고의 혼란을 초래할 뿐만 아니라, 그 결과로 대화logos의 흐름을 거스를 뿐이라고 했다. 지식의 특성에 관한 소크라테스의 이와 같은 진리관은 아폴론의 속성이었고, 이 속성은 그가 아테네 필로파포스 언덕에 있는 감옥에서 독배를 마시는 기원전 399년까지 그의 생애를 이끌었다.

신화와 역사 사이

소크라테스의 탄생은 역사적 사실이지만, 그가 역사에 출현하는 과정은 가히 신화적이었다. 그가 우리에게 신화 속의 인물로 비쳐지는 이유 가운데 하나는 스스로 남긴 글이 없기 때문일지도 모른다. 그는 참으로 많은 말을 했지만 글을 쓰지는 않았다. 또 다른 하나의 이유는 우리의 마음속에 남아 있는 그의 신적 이미지 때문일지도 모른다. 그는 우리에게 맨발과 남루한 옷차림으로 항상 아고라에서 열띤 토론을 벌이는 강한 이미지를 남겼다. 그런 열변 가운데 독배를 마시기 전에 펼친 생生과 사死를 뛰어넘는 변명apology이 더욱 그런 이미지를 전한다.

많지는 않지만 인류 역사에서 신의 경지에 가장 가까이 오른 사람들은 예사롭지 않게 스스로의 글을 남기지 않았다. 그 이유가 무엇인지는 분명치 않다. 하지만 그 일로 그들의 존재가 더욱 신적인 경지에 오르게 된 것은 부인할 수 없다. 사실, 그들에게는 앉아서 글을 쓸 만큼의 여유가 있었던 것도 아니었다. 그들이 처음부터 책상머리에 앉아서 학자들처럼 이론이나 만들고 글이나 다듬는 존재였다면, 아마 그렇게 신적인 강한 이미지를 창출할 수 없었을 것이다.

그러나 다행스러운 것은 소크라테스의 제자 플라톤이 스승의 언행을 우리에게 고스란히 전했다는 사실이다. 그의 대화편들을 통해서다. 그뿐만이 아니었다. 소크라테스로부터 그토록 사랑을 받은, 그러나 결국에는 스승과 조국을 배반하고 적국 스파르타로 망명한 크세노폰도 역사가답게 소크라테스의 마지막 광경을 상세히 기록에 남겼다. 이들은 단순히 소크라테스의 생애를 기록한 것이 아니라, 그를 신의 속성을 소유한 신의 화신으로 이미지화했다. 「소크라테스의 추억」 마지막 문단에서 크세노폰은 소크라테스를 이렇게 추억했다.

> 나의 경험에 비추어보면, 그는 언제나 신의 명령에 따라서 행동할 만큼 경건했고, 아무에게도 폐를 끼치지 않을 정도로 극기심이 강했다. 선악의 결정에 있어서 한 번도 그릇됨이 없을 정도로 현명했다. 그는 이 세상에서 가장 선량하고 가장 행복한 인간이었다.

소크라테스에 대한 플라톤과 크세노폰의 묘사 사이에는 같은 점도

많지만 다른 점도 많다. 그래서 이들의 글조차 소크라테스의 생생한 역
사를 더욱 신화의 경지에 올려놓게 되었다.

신화의 배경 파르나소스

　고대 아테네는 '현자'라 자칭하던 정치인들과 시인들과 소피스트들이 서로 각축을 벌이던 곳이다. 지금 이 시대의 지식인들도 허세를 떨고 자만심이 높은 것이 탈이지만, 고대 아테네의 그들도 지적 투기심이 정도正道를 넘어서 있었다. 그들은 각자 '아테네에서 가장 현명한 자'라고 자칭하면서 스스로를 위로했다. 하지만 그와 같은 투기는 그 출발부터가 어리석기 짝이 없었다. 그것은 처음부터 다투기 위한 것이었을 테니 말이다.

　고대 그리스 사람들은 스스로 결정하기 어려운 문제가 있을 경우, 흔히 코린트 만 북쪽에 있는 산 파르나소스를 찾았다. 신탁神託을 청하기 위해서였다. 파르나소스 산 중턱에는 고대 도시 델포이가 있었고, 거기에 아폴론 신전이 자리하고 있었다. 지금 그 신전은 허물어져 폐허가 된 채이고, 그 자리엔 신전의 잔해들만 여기저기 흩어져 있어, 보는 이에게 쓸쓸함만 더해 준다.

파르나소스 산

파르나소스는 코린트 만 북쪽에 있는 산으로 높이는 2,457m이다. 이 산의 중턱에 성지 델포이가 자리를 잡고 있었고, 그곳엔 아폴론 신전이 있었다. 아테네에서 200킬로미터 떨어진 곳이다. 산 아래로 코린트 만이 내려다보이고, 해변엔 올리브 농장이 넓게 펼쳐져 있다.
이 산에는 두 개의 높은 봉우리가 있다. 그 가운데 하나는 아폴론과 뮤즈에게, 다른 하나는 디오니소스에게 봉헌되었다. 이 산은 파르나소스라고 부르기 전 '라르나소스'라고 했다. '방주方舟'를 뜻하는 이 말은 그리스신화에서 유래되었다. 제우스가 세상을 멸망시키기 위하여 대홍수를 일으켰을 때, 프로메테우스의 아들 데우칼리온이 아내와 함께 방주를 타고 도착한 곳이 바로 파르나소스 산 정상이었다고 한다. 구약성서의 '노아의 방주' 이야기가 이와 유사하다.

▲ 파르나소스 산

▼ 라파엘로의 「파르나소스」

파르나소스 산은 설악산을 빼어 닮았다. 특히 한계령과 오색 사이의 모습과 유사하다. 내가 그곳을 찾아갔을 때는 질척질척 겨울비가 내리고, 옅은 골안개가 산허리를 휘어 감고 있었다. 산 전체가 알 수 없는 기운을 토해내고 있었다. 과연 신들이 모여 살 만한 영산靈山이었다. 그곳은 영묘한 기운이 누천년을 두고 분출하는 성소聖所였다. 고대 그리스 사람들이 그곳을 찾았던 것은 비단 신들의 힘에 이끌려서만은 아닌 듯싶었다. 신들의 힘도 컸겠지만 영靈의 기운을 내뿜는 자연의 힘도 그만 못지않았으리라는 생각이 들었다.

파르나소스가 얼마나 영적 기운으로 가득 차 있으면 이 산을 신들의 아버지 제우스가 세계의 중심으로 삼고, 그곳을 '세계의 배꼽', 곧 옴파로스Omphalos라고 불렀겠는가. 이 신화가 또한 얼마나 그럴듯했으면, 사람들이 큰 배꼽을 만들어 아폴론 신전에 안치해 두었었겠는가. 인간은 그럴듯하지 않은 것을 그럴듯하게 꾸며놓으려는 영감과 재주를 가진 존재임에 틀림없다.

그런데 파르나소스가 얼마나 인간 정신에 영향을 주었으면, 가톨릭의 본산 바티칸이 라파엘로로 하여금 이 산을 교황청 벽에 그려놓도록 했겠는가. 라파엘로는 교황청 한쪽 벽에 철학을 뜻하는 「아테네학당」을, 그리고 다른 한쪽 벽에 인문주의를 상징하는 이 「파르나소스」를 그렸다.

「파르나소스」의 정상에는 아폴론을 상징하는 월계수가 자리하고, 아폴론은 그 앞에서 수금을 연주한다. 그 양쪽에 여러 인물들이 각각 자신의 예술 세계를 펼쳐 보인다. 우리에게 친숙한 호메로스, 단테, 페트라르카, 보카치오 등이다. 이들은 고전주의와 르네상스의 인문주의 정신을 대표한다.

▲ 델포이 디오니소스 극장

▼ 아폴론 신전

고대 도시 델포이는 지금 유적지로 남아 있다. 이곳에는 전 세계에서 몰려드는 관광객들의 발길이 끊이지 않는다. 유적으로는 아폴론 신전이 대표적이다. 아폴론 신전의 왼쪽에는 디오니소스 극장이 원형대로 남아 있다. 아폴론 신전은 지금 여섯 개의 석주와 바닥만 남아 있어, 찾아오는 이들에게 길고 긴 세월의 풍상을 원망하는 듯하다. 이 신전은 기원전 650년경에 세워졌으나, 서너 차례의 지진에 의해 파괴되었다 한다. 지금의 자취는 기원전 330년경에 복원된 것이 다시 무너진 것으로, 또 다른 복원을 세월없이 기다리고 있다.

델포이의 신탁

고대 그리스 사람들은 자주 아폴론 신전을 찾아 신탁을 청했다. 신탁이 이루어지는 과정은 우리나라 사람들이 무당을 찾아가 점치는 일과 흡사하다. 동양과 서양을 막론하고, 그리고 먼 날이나 가까운 날을 가릴 것 없이, 인간들은 이렇게 유약했고, 궁금증을 참지 못하는 정도나 이를 해소하기 위해서 취한 방법에도 크게 다르지 않았으니 놀라운 일이다.

신탁과 관련된 사항은 그리스 신화의 이곳저곳에서 찾아볼 수 있다. 고대 그리스에서 전쟁과 사랑과 정치에는 으레 신탁이 개입되어 있었다. 그러한 신탁 가운데에는 트로이 전쟁에서 목마를 만들되 그것은 난공불락인 트로이 성 안에 들어갈 수 없을 정도로 크게 만들어야 한다는 것이나, 아버지를 죽이고 어머니와 혼인을 하게 된다는 오이디푸스의 비극을 예언한 것들이 대표적이다.

▲ 아폴론 제단

　신탁이 허구만은 아니었던 것 같다. 거기에는 상당한 정도의 지혜도 숨어 있었다. 왜냐하면, 흥분하여 즉흥적으로 일을 저지르는 것보다, 적어도 신탁소에 갔다 돌아오는 동안 무엇인가를 더 생각할 시간을 얻을 수 있었을 테고, 뜻하는 일에 용기를 더해주는 신탁을 받으면, 그것으로 하고자 하는 일에 백배의 용기를 얻을 수도 있었을 테니 말이다. 뿐만 아니라, 신탁을 하러 아폴론 신전으로 올라가면서, 그리고 그 길가의 정화의 샘물에서 재계齋戒하면서 마음을 가다듬을 수 있었으니, 적어도 이 순간들만은 지혜를 얻는 중요한 과정이 아니었겠는가.

▲ 정화의 샘(오른쪽 언덕 밑)

　소크라테스의 친구 카에레폰이 어느 날 델포이로 향했다. 그는 아폴론 신전의 여자 신관神官 피티아Pythia를 통해 아폴론에게 신탁을 청했다. "누가 아테네에서 가장 현명한가." 그런데 아폴론으로부터 얻어 온 답은 예상 밖이었다. 신관은 아폴론에게 청한 신탁의 답을 이렇게 전했다. "아테네에서 소크라테스보다 더 현명한 자는 없다고 말씀하시네."

　아폴론 신전에 다녀온 카에레폰이 소크라테스에게 전한 것은 충격적이었다. 소크라테스는 늘 '아는 것이 없는 무지한 존재'라고 생각한 사람이었으니 말이다. 카에레폰이 델포이에서 가져온 신탁의 결과는 소크라테스를 곤혹스럽게 만들었을 뿐만 아니라, 그를 깊은 의혹 속으로 몰아넣었다. 그는 스스로를 현명한 자라고 생각한 적이 결코 없었다. 사실, 그는 아는 것이 별로 없었던 듯싶다. 이런 소크라테스에게 아폴론의 신탁이 붙인 '현자'라는 '타이틀'은 도대체가 말이 되지 않는 것이었다.

하지만 아폴론의 신탁은 그에게 예정되어 있었던 것이나 다름없었다. 소크라테스의 행적을 살펴보면, 그 타이틀은 소크라테스가 져야 할 운명의 멍에였으니 말이다.

고대 그리스에서 신탁은 기원전 6세기경부터 시작되어 기원후 393년까지 계속되었다. 로마의 황제 테오도시우스 1세가 신탁이 비과학적이라 하여 금지시키고, 관련 시설을 로마로 가져가면서 그 신탁소는 철폐되었다. 물론 피티아의 자취도 사라졌다. 그런데 신관을 일컫는 '피티아'는 델포이의 원명이었으니, 지금의 델포이는 주인 잃은 땅이 된 셈이다.

▲ 델포이에 있는 경기장

아폴론의 마법

　제우스와 레토의 아들로 태어난 델포이의 신 아폴론은 결코 소크라테스를 석수장이 아들로 남겨두지 않았다. 그는 스스로를 드러내기 위하여 자신을 대신할 인간을 고르고 있었고, 소크라테스를 제외하곤 아테네에서 그럴만한 사람을 찾을 수 없었다. 마침내 아폴론은 신탁에 오른 소크라테스를 선택했고, 소크라테스는 결국 아폴론의 마법에 걸려들게 되었으며, 그것으로부터 풀려날 수 없는 신의 인간이 되고 말았다.

　소크라테스가 아폴론의 마법에 걸려든 것은 그의 운명이었다. 그런데 그 운명은 비운이었나, 아니면 천운이었나. 사람들은 분명 그것을 비운이라고 했을지도 모른다. 그도 그럴 것이, 기원전 399년 필로파포스 언덕에서 독배를 마시게 된 사건만 떠올려도 그렇다. 이 사건은 소크

라테스가 아폴론의 부름을 받지 않고 석수장이의 아들로 남아 있으면
서 자신의 생업에 종사했었더라면 결코 일어나지 않았을 것이었다. 아
폴론이 그에게 내린 신탁이 없었다면, 그가 어찌 필로파포스 언덕, 지
금 우리가 '소크라테스 감옥'이라고 부르는 그곳에서 독배를 마시게 되
었겠는가. 그런데 그렇게 된 것이 그의 운명이었다면, 거기에는 분명 소
크라테스조차 알 수 없는 아폴론의 비의秘意가 숨어 있었을 것이다. 그
러나 아무리 그렇다손 치더라도 우리가 소크라테스의 운명을 아폴론의
마법에 붙들어 매는 것은 너무 가혹한 일인지도 모른다. 그럼에도 불구
하고 그의 운명을 아폴론의 마법에 서슴없이 붙들어 매는 것은, 우리가
그의 삶과 죽음을 달리 설명할 길이 없어서다.

▲ 월계관을 쓴 아폴론 – 기원전 5세기의 그리스 동전

소크라테스가 겪은 운명을 '비운'이라고 말하는 것은 분명 잘못일 것이다. 그의 죽음이 신이 예정한 것이었다면, 그런 일에 우리가 '비운'이라는 말을 붙이는 것은 경망스럽기도 하거니와, 도대체 불가한 일이기도 하기 때문이다. 신의 세계에서는 모든 것이 예정되어 있고, 예정된 것은 모두 선한 것이 아니겠는가. 또한 그 세계에서는 오히려 예정된 것을 따르지 않으면 배반이고, 배반은 그 경위가 어떻든 악이 될 수밖에 없지 않겠는가. 그 세계에는 '비운'이나 '불행'과 같은 단어가 아예 존재하지 않아야 한다. 더욱이 그것은 인간이 신이 되는 과정이었으니, 그의 운명을 탓할 수는 없지 않겠는가.

하지만 신탁의 답이 아무리 신의 것이라 할지라도, '아는 것이 없는 사람을 가장 현명하다'고 판단하는 것은 신의 세계 그 자체에서조차 모순된 것이 아닌가. 참으로 알 수 없는 일이었다.

소크라테스에게 '현자'라는 타이틀은 마땅히 벗어야 할 멍에였다. 그렇게 하지 않고서는 그가 그것을 감당할 수 없었으니 말이다. '아는 것이 없는 자'가 어떻게 '현자'가 될 수 있겠는가. 정말이다. 그것이 아무리 신의 비의였다 할지라도, '아무 것도 아는 것이 없는 자가 현자'라는 이 모순어법의 부당함쯤은, 아무리 아는 것이 없는 그였다 하더라도 당장 알아차리지 않을 수 없었던 것이었다.

소크라테스는 분명 이렇게 자문했을 것이다. '아는 것이 없는 사람이 아테네에서 가장 현명한 자라는 이 명제는 그 자체로 모순이 아닌가.' 그러면서 스스로 이런 푸념도 했을 것이다. '하지만 그것은 신이 내린 판단이 아닌가. 게다가 태양의 신 아폴론은 거짓을 배척하는 이성의 신이 아닌가.'

그런데 이런 의문들은 소크라테스가 제기한 것이라기보다 오히려 이성의 신 아폴론이 소크라테스에게 던진 수수께끼였을지도 모른다. 그러나 이 수수께끼를 푸는 일은 무지한 소크라테스에게는 단순한 일이 아니었을 것이다. 하지만 그 일이 아무리 어렵다 하더라도 그것은 그 스스로가 풀지 않으면 안 될 일이었다. '아는 것이 없는 사람이 아테네에서 가장 현명한 자'라는 이 모순어법의 비의를 말이다.

02

아폴론의 비의

소크라테스는 아폴론이 씌워놓은 멍에를 벗어버리는 길을 찾아 나섰다. 이 길은 우선 신탁의 답 자체가 잘못되었음을 온 천하에 드러내 보이는 것이었다. 그리고 진실로 어렵지만 그 얼토당토않은 것 속에 감추어진 아폴론의 비밀을 찾아내는 일이었다.

'안다'는 말에 숨겨진 비밀

소크라테스는 지혜가 있다고 소문난 사람들을 만나 그들과 대화를 벌였다. 그가 그런 일을 택한 데에는 그럴만한 이유가 있었다. 자신과 같이 무지한 사람이 지혜가 있다고 소문난 사람들과 대화를 하면, 자신의 무지가 저절로 온 세상에 드러날 것이라는 것이었다. 그럴법했다. 만약 그렇게만 될 수 있다면, 그것은 분명 '소크라테스가 아테네에서 가장 현명하다'는 델포이의 신탁이 잘못되었다는 점을 충분히 입증할 수 있었을 것이다.

소크라테스는 첫 번째로 지혜가 있다고 소문난 사람을 방문했다. 그는 그 사람의 이름을 밝히지 않고 다만 '정치가'라고만 했다. 그 정치인은 소크라테스와 문답을 하는 동안 지혜 있는 것처럼 보이려고 애썼다. 소크라테스와 그 정치인 사이에 대화가 계속되었고, 지적으로 겸손한 소크라테스는 그가 늘 그랬듯이 질문을 멈추지 않았다. 아는 것이 없었기 때문이었다. 소크라테스는 그 정치인이 알고 있다는 지식의 근거를 묻고 또 물었다. 그러나 그 정치인은 소크라테스의 질문에 자신이 알고 있다는 지식이 왜 참인지를 분명하게 보여주지 못했다.

소크라테스가 두 번째로 찾아간 사람은 드라마를 쓰고 서사시를 쓰는 시인이었다. 소크라테스와 그 시인 사이에 문답이 오갔다. 그러나 이 경우에도 첫 번째의 경우와 다른 것이 없었다. 그 시인 역시 그가 알고 있다는 지식의 근거를 제대로 제시하지 못했다.

소크라테스가 그 다음에 만난 사람은 장인匠人이었다. 그를 만난 것은 그가 정치인이나 시인보다 진실한 양심을 가지고 있을 것이라 생각했기 때문이었다. 그러나 그 역시 경우는 마찬가지였다. 이와 같은 일은 그밖에도 이곳저곳에서 벌어졌다.

소크라테스는 깨달았다. 세칭 '현자'라 칭송을 받는 사람들이 '안다'고 말하면서도 그 '앎'의 근거를 제시하지 못하니, 그들은 결국 '안다'고 말할 수 있는 사람들이 아니라는 사실을 말이다. 어느 누구든 무엇인가를 '안다'고 말하려면 그는 '안다'고 말할 수 있는 근거를 제시할 수 있어야 하지 않는가. 결국 소크라테스는 세칭 '현자'든, 자칭 '현자'든, '안다'는 말을 하는 사람들은 많지만, 그들은 정작 그 '안다'는 말의 의미조차 알지 못하고 있다는 점을 알아차렸다.

소크라테스는 정치인, 시인, 그리고 장인들과의 대화가 절망적으로 끝난 뒤, 아마도 이렇게 중얼거렸을 것이다. 저들은 무엇인가를 알기는커녕 '안다'는 말의 의미조차 알지 못하는 자들이 아닌가. 이 사건은 소크라테스를 놀라게 했다. 하지만 그것은 소크라테스에게는 득도의 순간이었다.

추측컨대 소크라테스에게 그 득도의 순간은 기적같이 갑자기 다가온 것은 아니었을 것이다. 신탁이 내려지기 전에도 그는 분명히 '앎'의 의미에 대하여 남달리 고민해온 사람이었을 것이다. 그도 그럴 것이, 그는 아낙사고라스라는 스승으로부터 배운 바 있었으니 말이다.

그뿐만은 아니었다. 소크라테스 당시는 지적 자만심이 가득 찬 소피스트들이 '안다'는 말을 함부로 하면서 논리적 모순에 찬 말들을 거리낌 없이 해대던 시대였다. 그런 시대적 상황을 감안하면 소크라테스가 앎의 의미에 오랫동안 끈질기게 매달렸을 것이라고 짐작하는 것도 결코 무리가 아닐 것이다. 특히 플라톤이 그의 대화편 모두에 소크라테스를 등장시키고, 그로 하여금 앎의 문제를 가지고 그렇게 끈질기게 토론을 하도록 한 것을 보아도 그렇다. 소크라테스가 앎의 의미에 매달리지 않을 수 없었던 것은 그 시대적 맥락과 무관하지 않았을 것이다.

그러나 아무리 그렇다손 치더라도 소크라테스가 세 명의 현자들을 찾아가 그들과 대화를 벌인 뒤, 그리고 앎의 의미를 터득한 뒤, 이 문제에 평생을 바치게 된 것은 한 토막의 신화를 방불케 한다.

소크라테스는 자칭 '현자'라는 사람들과 자신 사이에 건널 수 없는 간극이 있음을 깨달았다. 그것은 앎의 의미조차 알지 못하면서도 무엇인가를 '안다'고 '자만'하는 것과 앎의 의미를 알면서 자신의 앎이 이 의미를 충족하지 못하기 때문에 그저 '겸손'하게 '모른다'고 말하는 것 사

이의 그 간극이었다. 소크라테스의 '모른다'라는 말에는 그의 지적 정
직성과 겸손이 깃들어 있었다. 아닌 게 아니라, 소크라테스는 「변명」에
서 이렇게 말했다.

> 내가 첫 번째로 만난 정치인은 그가 알지 못하는 것을 안다고 생각했습니
> 다. 반면에 나는 나의 무지를 정말 확실히 의식하고 있었습니다. 하여간 이런
> 조그만 일에 비추어 볼 때, 내가 그 정치인보다 더 현명하다고 생각할 수밖에
> 없었습니다. 나는 적어도 내가 알지 못하면서도 안다고 생각하지는 않았기
> 때문입니다.

지적 정직성과 겸손은 원래 신들의 것이었을 것이다. 그것은 오만
한 인간이 따르기에는 너무나 어렵고 선한 것이니 말이다. 그것은 신성
deity의 한 가지임에 틀림없다. 하지만, 그것은 인간의 자유의지와는 상
관없이 인간으로서 어쩔 수 없이 따라야 하는 길일 것이다.

지적 '자만'과 '겸손' 사이에는 이만저만한 간극이 있는 것이 아니다.
하나는 인간이 흔히 저지르는 것이고, 다른 하나는 신이나 마음 놓고
누릴 수 있는 덕이니 말이다.

아닌 게 아니라, '알지 못하는 것을 안다'고 말하는 것과, '알지 못하
는 것을 모른다'고 말하는 것 사이의 차이는 실로 엄청난 것이 아닐 수
없다. 이 차이는 지적 자만과 겸손 사이의 차이, 곧 악과 선의 차이, 그
리고 거짓과 진리 사이의 차이와도 다르지 않다. 앎의 문제가 지금까지
인류 지성사에서 떠나지 못하고 있는 것도 이와 같은 엄청난 차이를 줄
이지 않으면 안 되겠다는 인류의 끈질긴 소망과 양심 때문이 아닌가 한
다. 그런데 이 일에 첫 번째로 매달렸던 사람, 그래서 이 일에 자신의 삶

을 송두리째 헌신한 사람이 소크라테스였다.

소크라테스는 '안다'는 말의 의미에 충실했다. 그러면서 이 의미를 따르는 것이 얼마나 어려운지를 느꼈고, 그럴 때마다 그는 스스로를 '아는 것이 없는 무지한 자'라고 자책했다. 그는 '겸손한 지적 양심'을 가진 자였고, 지혜를 진정으로 사랑하는 마음의 소유자였다. 우리는 지금 그가 추구한 이 '지적 양심'을 '소프로쉬네sophrosyne'라 부른다.

소프로쉬네

'소프로쉬네sophrosyne'는 철학 용어이지만, 무엇보다도 그것은 소크라테스의 '트레이드마크'였다. 그가 말하는 지혜가 소프로쉬네였다는 이유에서다. 소프르쉬네는 지적으로 겸손함을 의미한다. 제대로 알지 못하면서 아는 체하는 사람들이 많다는 것을 소크라테스는 일찍부터 안타깝게 생각했다.

'소프로쉬네'에는 자신의 지식이 진리의 기준에 의해서 참인지를 확인하고, 그러지 못하면 '안다'라는 말을 함부로 하지 않는다는 뜻이 담겨 있다. 인식론에서 지켜야 할 도덕성이다.

'소프로쉬네'는 영어에서 흔히 prudence사리분별력 또는 moderation온건한 지식으로 번역되지만 올바른 영어 표현을 찾기는 힘들다. 한자권에서는 '진지眞知'라는 말과 가장 잘 어울리게 될 것 같다. 하지만 '소프로쉬네'는 오히려 아폴론 신전에 새겨진, '절제된 지식' 또는 '중용'의 의미를 갖는 그리스어 meden agan이나 영어 nothing in excess, 그리고 '너 자신을 알라'는 뜻을 가진 그리스어 gnothi seauton이나 영어 know thyself와 가장 가까운 의미를 갖는 단어다.

'앎'의 의미와 신의 속성

우리는 소크라테스가 일생을 두고 매달렸던 것이 무엇인지를 잘 알고 있다. 그는 평생을 앎의 의미 추구에 바쳤다. 그는 또한 알지 못하면서도 '안다'고 말하는 비양심에 맞섰다.

'앎의 의미'는 소크라테스가 대화를 할 때 따르지 않으면 안 되는 사고의 틀이었다. 그것은 어쩌면 인간의 것이 아닐지도 모른다. 왜냐하면, 그것은 인간이 제멋대로 할 수 있는 것이 아니니 말이다. 예컨대, 연역적 사고의 틀을 보자. 우리 인간이 사고의 과정에서 그 틀을 마음대로 이탈할 수 있겠는가. 'A가 B이고, B가 C이면, A가 C이다'라는 이 논리적 형식을 말이다. 그런데 인간이 어찌할 수 없는 이 논리적 형식은 원래 신들의 세계에나 존재하는 것이었을 것이다. 그리고 인간은 이 형식을 통해서 신과 인간 사이를 건너다녔을 것이다.

생각건대, 소크라테스가 모르는 것을 '모른다'고 말한 것은 인간으로서 거역할 수 없는 신적인 양심, 곧 이 사고의 법칙 때문이었을 것이다. 그는 진실로 '아는 것'이 무엇이고 '모르는 것'이 무엇인지를 알고 있었다. 신과 인간의 이 공통 속성을 말이다.

소크라테스가 앎의 의미를 깨우친 그 순간은 아폴론이 내린 신탁의 비밀을 깨우치는 순간이었다. 그것은 신의 성질과 인간의 성질이 교접交接하는 순간이었다. 뿐만 아니었다. 그것은 아폴론 신전에 새겨진 경구 '너 자신을 알라'의 비의가 인간 소크라테스를 통하여 풀리는 순간이었다. 그리하여 앎의 의미론적 혼란으로부터 벗어나는 그 순간은 인간 정신세계에서 무질서가 파괴되고 새로운 질서가 탄생하는 이른바 파천황破天荒의 순간이었다. 그것은 신화의 경지에서나 볼 수 있는 신통神通

의 순간이었다.

그런데 우연이 아니게도 이런 일은 인류 지성사의 또 다른 곳에서도 볼 수 있다. 소크라테스가 앎의 의미를 깨우치기에 앞서, 동양에서 공자는 제자 자로子路에게 이런 말을 했던 것이다.

> 자로야, 너에게 안다는 것이 무엇인지 가르쳐 주랴. 아는 것을 안다고 말하고, 모르는 것을 모른다고 말하는 것, 이것이 아는 것이니라由(子路) 誨女知之乎 知之爲知之 不知爲不知 是知也.

공자의 언행을 기록한 「논어」에 나오는 말이다. 그리고 이 말은 소크라테스가 「변명」에서 한 것과 한 점도 다르지 않다. 공자와 소크라테스는 아는 것을 안다고 말하고 모르는 것을 모른다고 말할 때, 비로소 '안다'고 말할 수 있다는 인식론을 일찍이 터득한 두 철인들이었다.

아폴론의 비의

스스로 '현자'라고 자처하는 '박학한 무지자'들과 대화를 하는 동안, 소크라테스는 그들이 사용한 개념의 불명료성과 사고의 논리적 비일관성에 놀랐다. 그때 그는 아폴론 신전 윗중방에 각인된 '너 자신을 알라'라는 경구가 전해주는 메시지가 무엇인지를 깨달았다. 그것은 네가 지금 사용하고 있는 개념이 얼마나 불명료한지, 사고 또한 얼마나 논리적으로 일관성이 없는지, 알지 못하면서도 '안다'고 말하는 비양심으로 얼마나 가득 차 있는지, 그리고 앎의 의미조차 알지 못하면서 '안다'고 말하는지를 깨달으라는 아폴론의 그 준엄한 훈계였다.

'너 자신을 알라'라는 경구는 그리스어로 '그노티 세오톤Gnothi seauton'
이고, 라틴어로는 '노스체 테 입숨Nosce te ipsum'이다. 사람들은 이 경구
가 7현인 가운데 한 사람인 킬론의 말이라고도 하고, 아폴론 신전의 최
초의 여자 신관이었던 페모노에의 말이라고도 하며, 역시 7현인 가운데
한 사람인 탈레스의 말이라고도 하고, 그저 하늘에서 내려온 글이라고
도 한다. 역사도 길게 흘렀고, 그 신전의 윗중방마저 찾을 수 없으니, 그
것이 누가 남긴 말인지에 대한 인간의 호기심도 까마득한 전설 속으로
휩쓸려 들었다.

이제 우리에게 중요한 것은 '너 자신을 알라'는 말의 연원이 아니라,
그 경구 속에 내포된 의미가 소크라테스에 의해서 비로소 모든 이의 마
음에 드러나게 되었다는 사실이다. 그리고 인간은 그 경구가 가르치는
대로 그렇게 살아야 하고, 또 그렇게 살 수 있다는 것을 소크라테스의
삶을 통해서 볼 수 있다는 사실이다.

그렇다면 사람들이 그 경구의 연원에 대하여 잘못 인식했든 그렇지
않든, 이제 그 경구 '너 자신을 알라'는 소크라테스의 것이라고 해도 크
게 문제될 것이 없어 보인다. 아닌 게 아니라, 지금 우리는 '너 자신을
알라'라는 경구와 델포이의 신탁을 서로 떨어져 있는 것이라고 생각하
지 않는다.

'너 자신을 알라'가 우리에게 주는 메시지는 '이성의 길을 따르라'는
것이었다. 이성의 길은 소크라테스가 걸은 길이지만, 그 길은 그가 직접
만든 것은 아니었다. 그것은 그가 거역할 수 없어서 따랐던 길이었을
뿐이다. '이성'으로 가는 그 길이 원래 누구의 길이고 누구에 의해서 닦

수금을 든 아폴론

아졌는지는 아무도 모른다. 그래서 그것을 단지 신들의 것이라고 할 수밖에 없다.

그런데 소크라테스가 걸어간 그 이성의 길이란 도대체 어떤 것인가. '이성의 길', 소크라테스는 그것을 처음에 알지도 못하고 따랐을 것이다. 거역할 수 없어서였을 것이다. 거역할 수 없어서 따른 이 '이성의 길', 그것은 인간의 양심을 타고 흐르던 그 '무엇'이었을 것이다. 그러나 '양심'은 또 무엇인가. '이성'이 무엇인가를 보여주는 일이 그렇게 어려우니 사람들은 그것을 그저 '양심'이라는 말로 얼버무려 왔을 것이다.

그러나 이성은 우리의 눈으로 확인할 수 없을 만큼 그렇게 불확실한 것만은 아니다. 우선 논리학개론을 아무 것이나 펼쳐보자. 그러면 거기에 분명 이런 내용의 글이 있을 것이다. '소크라테스는 사람이다'와 '사람은 죽는다'라는 두 전제들에서 '그러므로, 소크라테스는 죽는다'라는 결론이 도출된다는 내용의 글이다. 'A가 B이고, B가 C이면, A는 C이다'라는 저 논리적 형식 말이다. 그런데 이 세상에서 어느 누가, 만약 그 사람이 지적으로 정상이라면, 이 사고의 흐름을 자의로 거역할 수 있겠는가. 이 논리의 흐름을 거역하는 사람이 있다면, 그는 분명 이 지구 위에서 우리와 함께 사는 사람이 아닐 것이다.

거역할 수 없이 따라야 할 이 논리의 흐름을 논리학에서는 '이성'이라고 한다. 이성, 그것은 너무나도 절대적인 인간 사고의 형식이다. 그래서 인간이 자유의지를 가지고 아무리 거스르고 또 거스르려고 해도 거스를 수 없다. 그래서 그것을 인간의 것이라고 할 수 없을지도 모른다는 것이다. 그것은 아닌 게 아니라, 인간이 개입할 수 없는 그 무엇임에 틀림없다.

거스를 수 없는 이성과 그 작용, 거기에 신이 살고 있지 않느냐고 사람들이 생각하는 것도 결코 무리는 아닌 듯싶다. 그래서 고대 그리스인들도 이와 같은 신의 성질을 감지하고 인간 사고의 바탕에 이 신의 자리를 마련해 놓았는지도 모른다. 또한 그들은 이 신의 자리에 오르기 위해 이성의 날갯짓을 그렇게도 쉼 없이 해 왔는지도 모른다.

어떻든 인류 지성사에서 '너 자신을 알라'는 경구에 숨어 있던 아폴론의 비의는 소크라테스에 의해서 세상에 밝혀지게 되었다. 그러나 아폴론의 비의가 드러난 곳은 겉보기에 화려한 곳이 아니라, 소크라테스처럼 아는 것이 없다고 생각하는 겸손하고 소박한 마음자리에서였다. 겸손한 지성을 가진 자의 마음자리에서만 신의 비의는 제 모습을 드러냈던 것이다.

소크라테스는 '현자'라고 자처하는 사람들의 마음보다 지적으로 겸손한 사람들의 마음이 신의 세계에 더 가까이 가 있다는 것을 알게 되었다. 그는 그것을 「변명」에서 이렇게 표현했다.

> 신의 명령에 따라 살펴보니, 가장 유명한 사람들이 오히려 사려가 없고, 이와 반대로 가장 보잘것없다고 생각하는 사람들이 그 점에서 더 훌륭했습니다.

박학하다고 자처하는 사람들은 많았다. 그러나 그들은 사실상 무지자에 불과했다. 그리고 아는 것이 없다고 생각한 사람들은 그만큼 지식과 지혜 앞에 겸허한 자세를 취했고, 신은 그런 사람과 함께 있었다. 신의 성질을 그런 사람들이 공유하고 있었다는 뜻이다.

소크라테스는 '너 자신을 알라'가 함축하고 있는 의미를 자신의 삶은 물론, 온 아테네 시민의 양심을 비추는 거울로 삼았다. 그는 그와 대화를 벌이는 상대방들이 사고의 논리를 벗어나고 개념을 정의도 하지 않은 채 사용할 때, 그래서 대화의 논리가 혼돈에 빠질 때, 늘 델포이의 아폴론 신전에 각인되어 있는 경구 '너 자신을 알라'라는 말로 상대방들을 꾸짖었다. 이런 광경은 플라톤의 대화편을 줄줄이 수놓았다. 플라톤은 그의 대화편에 소크라테스가 이 경구를 사용할 때마다, 그것은 시끈가오리나 등에처럼 자만심에 가려진 박학한 무지자들의 양심을 사정없이 쏘아댔다고 썼다.

역사에 등장하는 사실들은 우연이 아닌 듯싶다. 그것들은 빈틈없이 역사적 맥락에 직조되어 있다는 뜻이다. 우선 '너 자신을 알라'라는 경구와 소크라테스가 그렇다. 우리는 역사에서 소크라테스만큼 이 경구와 인연이 깊은 사람을 찾아보기도 힘들다. 게다가 이 경구의 뜻을 소크라테스만큼 올바로 파악하고, 그것을 인간의 무지를 자각시키는 데 사용한 사람도 찾아보기 어렵다. 이런 점으로 미루어 보아, '너 자신을 알라'라는 경구는 그것을 처음으로 만든 사람이 누구든 그것을 절실하게 활용하고 사랑한 사람이 오히려 그 주인이 되어야 한다는 생각도 참으로 그럴듯해 보인다.

'너 자신을 알라'라는 경구에 함축되어 있는 의미가 소크라테스에 의해서 풀리지 않았다면, 그 어구는 아직도 신화의 단계에 머물러 있을지 모른다. 이렇게 생각하니, 인간은 '너 자신을 알라'라는 경구를 신의 세계에서 인간의 세계로 옮겨놓는 위대함을 유감없이 발휘한 것으로 보인다. 역사를 만들어내는 인간 정신은 이래서 위대하다 못해 거룩하다고 해야 할 것 같다. 그것은 아름답게도 한때는 신화를 만들고, 또 한때는 그 신화에 감추어 둔 비의를 풀어냄으로써, 신화 속에 그려넣은 인간의 참모습을 역사에 새롭게 묘사해 냈으니 말이다.

소크라테스는 왜 아고라로 갔는가

델포이의 신탁은 초라한 석수장이의 아들 소크라테스의 일상적인 삶을 파괴한 충격이었다. 그것만이 아니었다. 그가 이 충격으로부터 벗어나는 과정에서 겪은 일은 그의 영혼을 강타한 또 다른 충격이었다. 박학하다고 자처한 사람들에게서 발견한 '앎'의 의미에 관한 무감각과 왜곡은 그의 삶을 송두리째 바꾸어놓았다. 그는 '앎의 의미'에 관한 무감각과 왜곡이 당시 아테네의 지성인들이 앓고 있던 지적 오만과 자만심의 근원이라는 사실을 깨달았다. 그 결과 소크라테스에게 한 가지 질문이 다가섰다. '안다는 것이 무엇인가'였다. 이때부터 이 질문은 그가 평생을 통하여 되뇐 화두가 되었다. 그리고 그는 이 화두를 가지고 아고라로 향했다.

아고라는 어떤 곳인가

'높은 언덕'이라는 뜻을 가진 아크로폴리스Akropolis는 아테네의 한가운데에 솟아 있다. 높이가 해발 156미터밖에 안 되니, 우리말로 마을 뒷동산이다. 고대 아테네인들은 저녁에 이 동산에 올라 바람을 쐬면서 위대한 아테네를 설계했다.

아크로폴리스는 세계문화유산 1호인 파르테논 신전을 떠받치고 있다. 그곳은 고대 아테네인들의 성역이었다. 파르테논 신전은 15년에 걸쳐 지은 건물이었다. 지금 보수하는 과정에 있지만, 건축미에 있어서 그것은 아름다움의 극치였다고 한다. 높이와 넓이 그리고 기둥 사이의 간격이 아름다움의 표본인 황금비를 따랐다는 것이다.

▼ 아테네의 아고라와 아크로폴리스, 그리고 파르테논 신전

파르테논 신전도 아름답지만 이 신전의 여주인 아테나Athena는 그것에 비교도 안 될 만큼 아름답다. 신의 아름다움과 사물의 아름다움이 어찌 비교가 되겠는가. 아테나는 지혜와 전쟁을 상징하는 신이다. 도시국가 '아테네'라는 이름은 고대 그리스어로 '아테나이Athenai'다. 이 이름은 이 도시의 수호신 아테나의 이름에서 왔다. 아테네의 수호신 '아테나'를 로마에서는 '미네르바Minerva'라 부른다. 아테나는 제우스의 머리에서 탄생했으며, 법과 질서 유지를 위해서 싸우는 전쟁의 신이고, 문학과 과학의 수호신이며, 실천적 이성을 상징하는 지혜의 신이다. 올빼미는 아테나 신을 상징한다. 그래서 그것은 아테나가 등장할 때마다 나타나 그녀의 어깨 위에 앉았다. 이성의 날갯짓을 할 기회를 기다리면서였다. 헤겔이 그의 책 「법철학」에서 '미네르바의 올빼미는 황혼에 날개를 폈다'라고 쓴 것은 이런 배경에서였다.

▲ 올빼미와 아테나

▲ 기원전 450년경의 동전에 새겨진 아테나와 올빼미

아크로폴리스에서 북쪽을 내려다보면 거기에 텅 빈 넓은 유적지가 한눈에 들어온다. '시장'이라는 뜻을 갖는 고대 아고라다. 비록 '시장'이라는 뜻을 갖지만, 그렇다고 그곳이 장사꾼만 모이는 곳은 아니었다. 정치도 이루어지는 곳이었고, 재판도 행해지는 곳이었으며, 종교적 행사도 자주 눈에 띄는 곳이었다. 아고라는 고대 아테네의 시민광장이었다. 아고라를 내려다보는 언덕 아레이오스 파고스Areios Pagos에서는 시민법정이 열렸고, 소크라테스도 이 법정에서 재판을 받았다. '아레스의 언덕'이란 뜻을 갖는 이곳은 대리석 바위로 형성되어 수많은 순례자들의 발길로 길들어 있다. 신화에 따르면, 이곳은 전쟁의 신 아레스가 올림포스 신들에 의해서 재판을 받은 인류 최초의 법정이었다.

그 뒷일이지만, 이곳은 사도 바울이 다녀간 곳으로도 유명하다. 그는 아테네가 수많은 우상들로 가득 차 있다고 격분했다. 그는 그리스의 신들을 알지 못했다. 아테네의 철학자들은 그를 아레이오스 파고스 법정으로 데리고 가 몇 가지 질문을 한 뒤 돌려보냈다. 「사도행전」 17장에 기록된 이야기다.

▲ 아레이오스 파고스에서 내려다보이는 아고라와 아테네

파르테논 신전

아고라agora는 고대 그리스의 도시국가에 형성된 광장이다. 이곳에서 그리스인들은 민회와 재판과 상업과 사교 등 다양한 활동을 했다. '아고라'라는 말은 원래 '시장에 나오다' 또는 '물건을 사다' 등의 의미를 지니는 '아고라조agorazo'에 어원을 두는 단어로 보통 '시장'이라는 의미로 사용되었다. 하지만 시장이 단순히 물건을 팔고 사는 곳만은 아니었다. 그곳은 정치, 경제, 사회, 문화 등 시민들의 일상생활의 중심이 되었다. 그 결과 '아고라'는 '사람이 모이는 곳'이나 '사람들의 모임'을 뜻하게 되었다.

아고라는 학문과 사상에 관한 토론이 이루어지는 문화와 예술의 중심지이기도 했다. 소크라테스가 아고라에 나갔던 것도 이런 연유에서였다. 로마에서는 이를 '포럼forum'이라고 했다. 지금도 우리는 '토론'을 가리키는 뜻으로 '포럼'이라는 단어를 자주 사용한다.

아고라에서 아크로폴리스를 올려다보면 아테나Athena가 살고 있던 파르테논 신전이 보인다. 아테나는 그리스 신화에 나오는 지혜와 전쟁의 여신이다. 로마 신화에서는 미네르바에 해당된다. 그녀는 제우스와 메티스 사이에서 태어났다. 올림포스 12신 가운데 두 번째 세대에 속한다. 결혼은 하지 않았다. '아테나 파르테노스Athena Parthenos', 즉 '처녀 아테나'라는 이름도 그녀가 결혼하지 않았기 때문에 생긴 명칭이다. 아테네의 아크로폴리스에 있는 신전인 '파르테논'도 이런 뜻에서 지어진 이름이다. 우리말로는 '처녀 신당'인 셈이다. 투구, 갑옷, 창, 메두사의 머리가 달린 방패, 올빼미, 뱀이 아테나의 대표적 상징물이다. 이 상징물들이 말해주듯, 그녀는 총명하고, 이성적이고, 순결하고, 사람들에게 은혜를 많이 베풀며 영웅들을 수호한다. 아테네의 여자 수호신이다. '아테네'라는 명칭도 여기에서 왔다. 아테나를 모신 신전은 여럿이지만, 그 가운데 가장 유명한 것이 아테네의 파르테논 신전이다.

혼돈과 무질서의 아고라

소크라테스는 아폴론이 신탁을 통해서 자기에게 내린 사명이 무엇인지를 깨달았다. 그리고 '너 자신을 알라'라는 경구가 무엇을 의미하는지도 알았다. 그가 할 일은 이제 아고라로 나가는 것이었고, 그곳에서 델포이의 아폴론을 현현顯現하는 일이었다. 그것은 '안다'는 것이 무엇인지를 밝히는 것이었다.

소크라테스가 아고라에 나간 것은 가히 역설적이었다. 이성적 질서를 찾는 사람이, 다른 곳을 다 제쳐놓고 하필이면 말과 생각이 왜곡된 채로 소용돌이치는 아고라로 향했을까. 여기저기 이때저때를 가릴 것 없이, 시장이란 모두 언어의 질서를 찾아보기 힘든 곳이 아니던가. 오죽하면 영국의 철학자 프란시스 베이컨이 그의 「신기관Novum Organum」에

서 시장을 가리켜 인간의 생각을 교란시키는 언어의 우상이 날뛰는 곳
이라 했었겠는가. 베이컨의 '시장의 우상'은 언어의 무질서가 난무하는
곳을 일컫는다. 아테네의 시장도 예외 없이 그런 혼란의 극치를 보였던
곳이었다.

아닌 게 아니라, 고대 아테네의 아고라는 박학하다고 자처하는 사람
들이 모이는 곳이었고, 그들은 이성의 길을 이탈한 채, 언어의 혼란에
빠져 있었던 사람들이었다. 그러니 그들 사이에서 이루어지는 대화가
논리와 사고의 틀을 따랐겠는가.

언어의 질서를 추구하는 소크라테스가 언어의 무질서가 난무하는 아
고라를 찾은 것은 상상하기 어려운 아이러니일 것이다. 하지만 그런 역
설 속에 감추어져 있는 진의를 우리는 또한 간과할 수 없을 것이다. 그
진의란 이성의 빛으로 비이성적 무질서를 파괴하려는 것이었다. 그것
은 아폴론이 부여한 사명이었다. 그리고 이 사명을 소크라테스가 실행
하기에는 그곳보다 더 적합한 곳이 따로 없었다.

역사를 반추해 보건대, 기원전 500년에서부터 450년까지 아테네는
전성기를 이루었다. 이 시기는 비록 독재체제였지만 페리클레스의 정
치력이 뛰어나서 아테네의 국력은 주변국가가 감히 겨루어 볼 수 없을
정도로 막강했다. 그런데 기원전 431년에 27년 동안이나 계속되는 아테
네와 스파르타 사이의 전쟁, 곧 펠로폰네소스전쟁이 시작되었고, 이 전
쟁에서 처음 얼마 동안은 전황이 아테네에 유리하게 전개되었다. 하지
만 페리클레스가 전염병으로 사망한 뒤, 과두파와 민주파 사이에 치열
한 권력투쟁이 시작되었고, 이 투쟁으로 아테네 정권은 4개월이 멀다
하고 서로 뒤바뀌는 혼란을 거듭했다.

기원전 404년 4월, 펠로폰네소스 전쟁은 스파르타의 승리로 끝났고,

스파르타군은 아테네의 과두파에게 정권을 쥐어주었다. 그러나 정국은 걷잡을 수 없는 정변의 소용돌이 속으로 함몰되어 갔다.

아테네의 정변은 고질적이었다. 정변을 겪는 동안 국민들은 서로 밀고하고 보복을 일삼았다. 사람들은 살아남기 위해서 그럴듯하게 말을 꾸몄고, 그 결과 이들의 언변에서 진정성이란 조금치도 찾아볼 수 없었다. 아테네는 언어의 무질서가 난무하는 사회가 되었다. 전쟁의 후유증이란 어느 역사를 가릴 것 없이 이런 모양새였던 것이다.

스파르타 정권으로부터 힘을 얻은 과두파는 가진 자들의 재산을 탈취하는 한편, 자기들에게 반기를 든 인물들을 가차없이 숙청했다. 그들은 30인으로 구성된 참주정치체제를 택했다. 귀족들과 권력자들의 횡포는 말이 아니었다. 아테네는 언어와 행동의 불일치, 지식과 행위의 괴리가 극대화된 사회였다. 아테네인들의 말은 그럴듯하고 행동은 추했다. '혼돈 속의 아고라'는 그 어느 곳보다도 이와 같은 언어와 사고의 혼란을 상징하는 곳이었다. 그럼에도 불구하고, 아테네의 국가 이념은 그들이 자행한 엄청난 일과는 걸맞지 않게, '칼로스 카가토스_{kalos kagathos}', 곧 '아름답고 선한 것'이었다.

칼로스 카가토스

'칼로스 카가토스Kalos kagathos'는 '칼로스 카이 아가토스kalos kai agathos'를 간단히 한 말이다. '카가토스'는 접속사 '그리고'를 뜻하는 '카이'와 '좋은 것'을 뜻하는 '아가토스'가 합쳐진 말이다. '칼로스 카가토스'는 '아름답고 선한 것the beautiful and good'을 뜻한다. 이 두 개의 형용사를 한 번 더 줄여 흔히 '칼로카가토스kalokagathos'라고도 한다. 명사형으로는 '아름답고 선함'을 뜻하는 '칼로카가티아kalokagathia'다. 고대 아테네 헤로도토스 이후의 철학과 역사에 자주 등장하는 관용구다.

'아름답고 선한 것'은 '좋고도 귀한 것the fine and noble' 또는 '높고 탁월한 것 the superior and excellent'으로 그 뜻이 전용되기도 한다. 더욱이 이 말은 '이상적인 삶'을 뜻하기도 하며, '이상적 삶을 사는 사람'이나 '고귀한 신분noblesse' 또는 '신사gentleman'를 가리키기도 한다. 영국 사회에서 이상으로 삼는 '신사'의 역사적 고향이기도 하다. 이 말이 뜻하는 삶은 플라톤의 「국가」에 잘 묘사되어 있다. 또한 아리스토텔레스의 「유데미안Eudemian 윤리학」과 크세노폰의 「가정론 Oeconomicus」에서 중요한 논의의 주제가 되었다. 이 말은 또한 우리나라 건국 신화에서 '홍익인간'과도 격을 같이 하는 말이다.

'칼로스 카가토스'는 라틴어로 '건강한 몸에 건강한 정신'이라는 뜻을 갖는 mens sana in corpore sano이고, 영어로 healthy soul in healthy body다. 흔히 교육의 목적으로도 사용된다. 그 뒤 이 술어는 헬레니즘 문화의 정치와 경제와 교육을 떠받치는 윤리적 바탕이 되었다.

아고라는 정치와 재판과 상업과 교육이 중심을 잃고 흥청대는 시장터였다. 투표도 하고 토론도 벌이며 재판도 하고 김나지움이 있어 교육도 했다. 하지만 그곳은 불의로 오염되어 있는 곳이었다. 재판관들조차 법과 정의를 왜곡했다. 그들은 수사법修辭法을 오용하여 무고한 자에게도 죄목을 뒤집어씌우는 재주를 부렸다. 정치인들은 국시國是로 내 건 칼로스 카가토스의 의미를 그들이 자행하는 비행으로 능멸했다.

그러나 역사는 오늘날도 아고라를 아름다운 곳으로 남겨놓는다. 그 아름다움이란 정말 역설적이지만 나약한 인간이 무엇인가를 추구하다가 거기에 남긴 적나라한 오욕이고, 그것에 맞서 투쟁한 가냘픈 인간 영혼의 애처로움이다. 그도 그럴 것이, 저 높다란 아크로폴리스가 정의와 이성의 신들이 사는 곳이었다면, 그 아래 아고라는 가냘픈 인간 영혼이 혼돈과 무질서에서 벗어나 이성의 신을 따르려고 몸부림치다 사라져 간 그 애절한 역사가 사뭇 슬프게만 느껴지니 말이다.

▲ 아고라에 있는 김나지움 터

신들의 세계를 향한 구도자

　칼로스 카가토스를 표방한 아테네의 타락한 정치인들은 '아름다움'이라는 말을 사용하되 '아름다움'이 무엇인지를 알지 못했고, '선함'이라는 말을 사용하되 그것이 무엇인지를 알지 못했다. 그들은 또한 '정의'라는 말을 하되 '정의'가 무엇을 의미하는지 알지 못했고, '용기'라는 말을 하되 '용기'의 뜻을 알지 못했다. 그러면서도 스스로 지혜 있다고 자처한 그들은 아고라의 민중 연설가로, 때로는 민중 선동가로 안하는 일이 없는 사람들이었다. 정의로운 일과는 거리가 먼 언행을 일삼으면서, 아고라에서 정의를 외치는 그들은, 아테네를 온통 사고의 혼란과 언어의 무질서가 난무하는 곳으로 만들어 놓았다. 아테네의 정치와 문화를 타락시키는 막강한 힘을 발휘한 이들을 플라톤은 '권력을 휘두르는 소피스트들'이라고 했다.

이러한 현상은 기원전 411년 과두파가 세력을 확보한 뒤 더욱 두드러졌다. '칼로스 카가토스'는 의미의 혼란을 넘어 권력자와 이에 아부하는 자들이 내두르는 무지의 횡포와 수사학의 방자함에 의해서 왜곡될 대로 왜곡되었고, 그 결과 사회적 불신만 자아내는 슬로건으로 전락했다. '칼로스 카가토스'의 진의는 사라지고, 그 의미의 혼란과 오용은 심각했다. 무질서의 암운暗雲이 아테네 사회를 뒤덮었다. 그곳은 신이 사라진 곳, 영혼이 황폐한 곳이 되었다.

소크라테스가 아고라로 향한 것은 아폴론의 소명에 따른 것이었다. 그것은 결국 언어의 의미 혼란과 오용이 몰고 온 사회적 무질서를 흩어버리기 위한 것이었다. 그는 이렇게 신의 명령에 따라 아고라에 갔다. 그리고 그곳에서 불만이 가득 찬 어조로 중얼거렸다. 도대체 아름답고 선한 것이란 무엇인가? 그 의미를 알고 있는 사람들이라면 정의롭지 않은 일을 어떻게 자행할 수 있겠는가? 재판은 공정해야 하지 않겠는가? 공정함과 정의로움은 우리가 추구하는 아름다움과 선함이 아닌가? 그럼에도 불구하고 아름답지도 선하지도 않은 일을 자행한다는 것은 아름다움과 선함의 의미가 무엇인지조차 모르기 때문이 아닌가? 소크라테스가 얼마나 많이 이런 질문들을 했는지, 사람들은 오늘날도 그를 기억할 때면 으레 이런 이미지를 떠올린다. 맨발에 해진 토가를 입고 아고라를 배회하는 아테네의 외로운 나그네, 그리고 무엇인가에 대하여 한없이 묻고 갈구하면서 중얼거리는 거리의 그 구도자를 말이다.

소크라테스가 아고라에서 사고의 무질서를 헤쳐나가면서 아름답고 선한 곳으로 가는 이성의 길을 트는 모습은 진정한 현자의 모습이었다.

그것은 분명 이성의 신 아폴론의 모습이었다. 그런 소크라테스의 모습을 더 확실히 보려면 플라톤의 대화편을 읽어야 한다. 그리고 그의 사랑하는 제자 크세노폰의 「소크라테스의 추억」이나 저녁 만찬을 그려낸 또 하나의 「향연」도 읽어야 한다. 신의 사자使者로서 그가 보여준 모습은 그의 두 제자 플라톤과 크세노폰의 대화편 이곳저곳에 생생하고 아름답게 스케치되어 있다.

이들이 쓴 대화편들을 잠시라도 뒤적여보면 우리는 소크라테스가 항상 '선'과 '용기'와 '정의'와 '사랑'과 '덕'과 '지혜'와 같은 용어의 의미를 가지고 씨름하는 광경을 어렵지 않게 목격할 수 있다. 그런데 당시에 소크라테스를 잘못 이해하는 사람들은 아마도 이런 의문을 제기했을지도 모른다. '그는 왜 모든 것을 다 제쳐놓고 그토록 꼬장꼬장하게 용어의 의미에 매달리는가.'

소크라테스는 '사랑'과 '용기'와 '아름다움'과 '선함'과 '지혜' 등의 의미를 다듬어 나갔다. 이런 단어들은 모두 '아름답고 선한 것'에 속하는 것들이었다. 그러나 '아름답고 선한 것'을 외치는 정치인이나 재판관이나 웅변술에 능한 소피스트들은 '아름답고 선한 것'에 속하는 단어들을 정의하지 않은 채, 그래서 개념적 혼란을 덮어둔 채, 개인의 이익을 좇아 앞뒤가 모순되는 말들을 외쳐댔다. 그리고 그 결과는 당연히 사회적 무질서와 이에 따른 무고한 자들의 희생이었다. 그리고 소크라테스도 후일에 이 무고한 자들의 일원이 되어 희생의 제물이 되었다. 그런데 아폴론은 그의 뜻을 완성하기 위해 이처럼 소크라테스를 아예 아고라와 같은 의미의 혼란과 사고의 무질서 속에 묻어버림으로써 그 무질서 자체를 철저히 증오했다고 말한다면 지나친 역설이 되지나 않을까 염려된다.

04

사랑이란
무엇인가

이성의 길을 따라가면 우리는 결국 어디로 가게 되는가. 이성의 길은 지혜를 사랑하는 길이니, 우리는 결국 지혜로움에 이를 것이 아닌가. 그런데 또 하나의 질문을 던져보자. 우리가 지혜로움에 이르면 무엇이 유익한가.

지혜를 사랑하면 지혜로워지고, 지혜로워지면 선하게 된다. 그리고 선은 곧 행복이니, 그렇게 되면 우리는 결국 행복에 이른다고 말할 수 있게 된다. 플라톤의 명답이다.

지혜는 고대 그리스인들이 가장 열정적으로 염원했던 덕 가운데 하나였다. 그러기에 아테네인들은 그들의 여신 아테나에게 지혜의 속성을 부여했고, 그 여신을 자신들의 조국 아테네의 수호신으로 삼았다. 고대 그리스인들은 아폴론과 아테나를 따랐고, 이들의 속성인 이성과 지혜를 사랑했다.

그런데 우리가 사랑을 한다는 것은 도대체 무엇을 뜻하는가. 이를 언어로 표현한다는 것은 정말 어려운 일에 속할 것이다. 하지만 다행스럽게도 우리는 사랑을 주제로 한 플라톤의 대화편에서 그 사랑의 의미를 읽어낼 수 있을지도 모른다.

사랑의 속성을 가진 에로스

고대 그리스에서 '심포지온symposion'은 술잔치를 뜻했다. 그것은 밤을 새워가며 포도주를 마시고 담론을 벌이는 일을 일컫는 말이었다. 우리가 오늘날 학술대회의 한 형식을 가리키는 말로 사용하는 '심포지엄symposium'도 여기서 온 말이다. '심포지온'은 우리말로 '잔치'이지만, 보다 그럴듯하게 표현하면 '향연饗宴'이다.

같은 이름을 가진 책 「향연」은 두 가지다. 하나는 크세노폰의 것이고, 다른 하나는 플라톤의 것이다. 플라톤의 「향연」은 아가톤이 베푼 잔치에서 일어난 이야기로 채워져 있다. 그 잔치는 아가톤이 비극 경연에서 우승한 것을 자축하는 것이었다. 기원전 416년의 일이었다. 소크라테스가 여기에 참석하지 않을 리 없었다. 플라톤은 「향연」에서 스승 소크라테스가 벌인 담론의 일단을 가장 아름다운 문체로 다듬어냈다.

잔치가 벌어지자 에릭시마코스가 담론의 화두를 내걸었다. '에로스의 찬미'다. 소크라테스를 포함하여 일곱 명이 차례로 에로스의 본성에 대한 자신들의 생각을 펼치기로 했다. 「구름」의 저자 아리스토파네스가 나섰다. 그는 에로스가 사랑의 신이라고 했다. 그러면서 '사랑'을 이렇게 설명했다. 인간을 만든 신은 원래 세 가지 종류의 사람을 만들었는데 한 가지는 남자고, 또 한 가지는 여자며, 마지막으로는 남녀가 한 몸으로 된 사람이었다는 것이다. 그런데 남녀 한 몸으로 태어난 사람들은 남자와 여자로 나뉘어 태어난 사람들보다 힘도 세고 모든 면에서 능력이 뛰어났다는 것이다. 그런데 남자와 여자로 나뉘어 태어난 사람들이 그것은 공평하지 못하다고 신에게 불평을 했다는 것이다. 그러면서 남녀 한 몸인 사람들을 둘로 나누어 모든 사람이 평등한 상태가 되게 해달라고 했다는 것이다. 신은 이 말에 일리가 있다고 생각하여 남녀 한 몸의 사람들을 남자와 여자로 나누어 반쪽이 되게 했다는 것이다. 그러면서 아리스토파네스는 남녀 한 몸이었던 사람들은 항상 잃어버린 반쪽을 그리워하게 되고, 그리워하다 못해 다시 결합하여 하나가 됨으로써 원래의 완전한 상태로 돌아가고자 했는데, 이렇게 서로가 다시 한 몸이 되기 위해서 그리워하는 것을 '사랑'이라고 했다. 이 말이 끝나자 좌중에서 박수갈채가 터져 나왔다.

▼ 에로스

그 다음은 아가톤의 차례였다. 그는 수사학적 방법을 동원하여 가장 오래된 신 가운데 하나인 에로스를 아름다운 말만 골라 찬양했다. 그는 에로스야말로 모든 신 가운데 가장 아름다운 신이라고 주장했다. 에로스는 신 가운데 가장 젊다고 했다. 에로스는 또한 부드럽다고도 했다. 그가 얼마나 부드러운가는 호메로스 같은 시인만이 표현해낼 수 있다고 했다. 에로스의 몸매는 귀티가 있다고도 했다. 에로스의 살갗은 아름다워 항상 꽃밭에서 산다고 했다. 꽃이 피지 않거나 시든 곳에서는 에로스가 살지 않는다고까지 했다. 아가톤의 에로스에 대한 찬양은 아름답기도 했거니와 막히는 데가 없이 진행되었다. 아가톤의 이야기에 박수가 따르지 않을 수 없었다.

그런데 아가톤의 연설이 일단락되자 소크라테스가 나섰다. 자기 차례가 아니었는데도 말이다. 그는 항상 이렇게 기회를 노렸다는 듯이 갑자기 나타나 대화에 끼어들었다. 소크라테스는 아가톤의 말에 문제가 있다고 했다. 아가톤이 에로스를 그가 할 수 있는 데까지 좋은 단어를 골라 가장 아름다운 존재로 묘사해 냈는데도 말이다.

소크라테스가 아가톤에게 물었다. "그러면 에로스가 아름다움 자체란 말인가, 아니면 아름다움을 사랑하는 존재란 말인가." 아가톤은 어리둥절했다. 그런 뒤, 눈치를 채고 이렇게 말을 돌렸다. "에로스는 아름답기도 하지만 아름다움을 사랑하는 존재입니다." 소크라테스는 아가톤이 현명하다고 칭찬했다. 그러면서 이렇게 자신이 하고 싶은 말을 덧붙였다. "맞았네. 에로스는 아름다움 자체가 아니라, 아름다움을 사랑하는 존재일세. 그리고 아름다움을 사랑하는 것은 아름다움을 욕구한다는 것을 의미하지 않겠나? 그리고 어느 누가 아름다움을 욕구한다는 것은 그가 아름다움을 가득히 가지고 있지 않기 때문이 아니겠나? 왜냐하면, 만약 그가 아름다움으로 가득 차 있다면 그 아름다움을 더 욕심 낼 수 없지 않겠는가?”

아가톤은 자신의 연설에 잘못이 있었다는 점을 시인하지 않을 수 없었다. 에로스가 이미 아름다운 존재라면 그는 논리적으로 아름다움을 더 이상 욕구할 필요가 없으니 말이다. 결국 아가톤은 에로스가 아름다움을 사랑하는 것은 그가 아름다움으로 가득 찬 신이 아니기 때문에 항상 아름다움을 사랑함으로써 보다 아름답게 되려는 것이라고 생각하게 되었다.

사랑은 중간자의 본성이다

에로스가 아름다움 자체라기보다 아름다움을 사랑하는 존재라는 점은 그의 탄생 신화에서도 찾아볼 수 있다. 「향연」에서 플라톤은 에로스의 탄생 신화를 무녀 디오티마가 소크라테스에게 들려주는 방식을 취하여 써내려갔다. 디오티마를 통하여 아름다움을 사랑한다는 것이 무엇인지를 설명하는 플라톤의 아이디어는 매우 흥미롭다.

디오티마가 소크라테스에게 들려주는 에로스의 탄생 신화는 이렇다. 제우스의 아름다운 딸 아프로디테의 탄생을 축하하던 날 밤, 풍요의 신 포로스와 빈곤의 신 페니아가 만났고, 이들 사이에서 에로스가 잉태되었다는 것이다. 아버지 포로스는 귀족이면서 명예와 지혜와 재산과 건강과 아름다움을 충만히 갖췄고, 어머니 페니아는 천민이면서 무지할 뿐만 아니라, 아름답지도 건강하지도 명예롭지도 부유하지도 않았다고 했다. 그래서 이 둘 사이를 반쪽씩 닮은 에로스는 아버지만큼 지혜롭지도 아름답지도 선하지도 못한 존재였을 뿐만 아니라, 그렇다고 어머니처럼 완전히 무지하지도 추하지도 약하지도 선하지도 않은 존재라는 것이었다.

디오티마는 이야기를 계속했다. 그렇기 때문에 에로스가 아름답지 못하다고 해서 추하다고 할 수는 없다는 것이었다. 또한 그가 지혜롭지 못하다고 해서 완벽하게 무지한 존재도 아니라고 했다. 그리하여 그는 아름다움과 추함의 중간에서 아름다움을 추구하는 존재이고, 지혜와 무지의 사이에서 지혜를 좇는 존재가 될 수밖에 없다고 했다. 디오티마가 설명하는 사랑의 논리였다.

▲ 그리움의 에로스

에로스의 사랑에 대한 디오티마의 설명 방식은 매우 그럴 듯했다. 아름다움과 추함 사이에 있는 자는 아름다워질 수도 있고 추하게 될 수도 있으며, 지혜와 무지 사이에 있는 자는 지혜로운 자가 될 수도 있고 무지한 자가 될 수도 있다는 설명이었다. 말하자면 중간자中間子의 논리다.

'중간자'는 양극단, 이를테면 아름다움과 추함, 지혜와 무지 사이에 있는 무엇이다. 따라서 이 논리는 중간자가 이들 양극단의 요소를 부분적으로 가지고 있다는 것이 된다. 그렇기 때문에 중간자의 논리는 이처럼 될 수도 있고 저처럼 될 수도 있다. 말하자면, 그것은 열려 있는 또는 가능성을 가진 논리다.

중간자는 논리적으로 무엇인가가 될 수 있는 존재라는 설명은 그럴 듯하다. 아름다움의 속성을 조금이라도 가지고 있는 존재가 어찌 아름다움을 추구하지 않을 것이며, 지혜의 속성을 조금이라도 가지고 있는 존재가 어찌 지혜를 추구하지 않겠는가. 그래서 태어나는 것이면 다 그렇듯이, 중간자로 태어난 에로스는 영원과 찰나, 지혜와 무지, 아름다움과 추함, 불멸과 사멸의 중간자로서 영원과 지혜와 아름다움과 불멸을 사랑하는 존재일 수밖에 없다는 것이었다.

아가톤이 그랬듯이, 사람들이 에로스를 더없이 아름다운 존재라고 찬양하는 것은 에로스가 나면서부터 가지고 있는 중간자의 본성을 제대로 인식하지 못한 때문이었다. 아닌 게 아니라, 지금도 사람들은 에로스가 무엇인가를 '사랑하는 신'이 아니라, '사랑의 신'이라고 잘못 이해한다. 그러나 그것은 잘못이다. 에로스는 '사랑의 심벌'이라기보다 무엇인가를 '사랑하는 것의 심벌'이다. 말하자면, 그는 아름다운 존재가 아니라, 아름다움을 '사랑하는 존재'다.

아닌 게 아니라, '사랑'은 '지혜'나 '아름다움'이나 '선함'과는 다른 특성을 지닌 단어다. '사랑'은 무엇인가가 완벽하게 채워져 정체된 상태로 있는 것을 가리키는 말이 아니라, 무엇인가를 향해 '되어가고 채워가고자 하는 영적인 힘'을 의미하는 단어라는 뜻이다. 그것은 말하자면 '아름다움', '지혜로움', '선함'과 같은 범주에 드는 말이 아니다. 그것은 단지 아름답게 되려 하고, 지혜롭게 되려 하며, 선하게 되려 하는 실천적 힘을 가진 단어다. 결국 중간자의 논리를 따르는 '사랑'은 우리에게 무엇인가에 대한 가능성을 열어주는 개념이다.

아프로디테가 그렇듯이, 더 이상 아름다울 수 없이 아름다운 신은 더 이상 아름다울 수 없으니, 더 이상 아름다워지려고 하는 성향을 가지지 않는다. 이미 지혜로 가득 찬 신은 더 이상 채울 지혜가 없으니 지혜를 향한 열정이 있을 리 없다. 이런 신들은 모두 완벽한 신들이어서 에로스와 같이 무엇인가가 되려는 욕망을 가진 신들은 아니다.

에로스와 같이 중간자의 논리에서 탄생한 신은 인간이 그런 것처럼 무엇인가를 결여하고 있으면서, 그것을 자신의 것으로 하려는 영적 힘을 발휘하는 존재다. 그렇지 않을 수 없었다. 저 아름다움의 여신 아프로디테의 몸종이 된 에로스가 어찌 아름다운 아프로디테를 닮으려고 하지 않겠는가. 또한 지혜와 무지, 아름다움과 추함의 중간에 태어난 에로스가 어찌 무지하고 추한 어머니 페니아의 세계를 저주하고, 지혜롭고 아름다운 아버지 포로스의 세계를 동경하지 않을 수 있었겠는가.

자 그렇다면, 아폴론에 대한 소크라테스의 사랑도 같은 논리 위에서 설명될 수 있을 것이다. 에로스가 사랑한 것이 그의 아버지 포로스와 아프로디테의 세계였다면, 소크라테스가 사랑한 것은 아폴론의 이성의 세계였다. 이런 점에서 보면 포로스와 아프로디테에 대한 에로스의 사랑과 아폴론에 대한 소크라테스의 사랑이 이루어진 구조는 서로 다른 것이 아니었다.

에로스

'에로스'는 그리스어로 Ερως다. 이 단어가 의미하는 것은 '사랑'이다. 영어에서 이 단어는 '사랑'을 의미하는 Love로 표현되기도 한다. 로마에서는 에로스가 '욕망'을 뜻하는 '큐피드Cupid'로 불린다.

그리스 신화에서 에로스는 어떤 아프로디테와 함께 등장하느냐에 따라 그 본성을 달리한다. 하나의 아프로디테는 헤시오도스가 소개하는 아프로디테다. 그녀는 하늘의 신 우라노스의 잘려진 음부에서 품어 나오는 거품에서 탄생했다. 아프로디테 Aphrodite라는 이름도 '거품'을 뜻하는 아프로스Aphros에서 왔다. 하늘의 신 우라노스Uranus를 아버지로 둔 아프로디테에서 탄생한 에로스를 '우라니안 에로스'라고 하고, 때로는 헤시오도스의 작품에 등장한다고 해서 '헤시오도시안 에로스'라고도 한다. 우라니안 에로스는 '하늘'이라는 뜻을 갖는 '우라니안'이 말해 주듯이, 영적인 사랑spiritual love을 한다. 따라서 그의 사랑은 육신적 욕망에 치우치지 않을 뿐만 아니라, 방자하지도 않다.

다른 하나의 아프로디테는 호메로스의 이야기에 나오는 아프로디테다. 그녀는 제우스와 디오네 사이에서 탄생했다. 이 신들은 지상의 모든 인간들을 위해서 내려온 신들이기 때문에 이들에게서 탄생한 아프로디테를 '땅'이라는 뜻을 갖는 '판데모스pandemos 아프로디테'라 한다. 이 아프로디테와 그녀의 연인 아레스 사이에서 탄생한 에로스를 '판데모스 에로스' 또는 호메로스의 작품에 등장한다고 해서 '호메로시안 에로스'라고도 한다. 이 에로스는 가리지 않는 사랑을 한다. 육신적 사랑physical love을 그 특징으로 한다는 뜻이다. 우라니아의 에로스가 펼치는 사랑을 '하늘의 사랑'이라 하면, 판데모스의 에로스가 펼치는 사랑을 '땅의 사랑'이라 한다. 하나는 양陽의 에로스고, 다른 하나는 음陰의 에로스인 셈이다. 그러나 이 사랑의 어머니 아프로디테는 동일한 아프로디테니, '하늘의 사랑'과 '땅의 사랑'으로 나눈 것은 신화의 해설자가 그렇게 '하늘'과 '땅'으로 아프로디테의 호적을 만든 결과일 뿐이다.

그러나 또 다른 에로스는 플라톤의 「향연」에서 풍요의 신 포로스와 궁핍의 신 페니아의 아들로 태어난 에로스다.

사랑은 선한 것을 나누어 가지려는 열정이다

에로스는 아름다움을 사랑하는 신이다. 그런데 우리 인간은 물론이지만 에로스는 왜 사랑을 했는가. 플라톤의 「향연」에서 읽을 수 있듯이, 에로스의 탄생 비화는 이 질문에 이렇게 답했다. '결핍된 것을 채워 보다 완전한 존재가 되려는 것'이라고 말이다.

「향연」의 끝자락에서 플라톤은 사랑의 이야기를 마무리하기 위해서 디오티마를 다시 대화에 불러들였다. 디오티마가 소크라테스에게 물었다. "사랑하는 자는 아름다운 것을 사랑하는데, 그 이유를 무엇이라고 생각하십니까?" 소크라테스는 이 질문에 "아름다운 것을 자신의 것으로 하기 위해서입니다"라고 대답했다. 사랑은 아름다움을 나누기 위한 것이라는 뜻이었다. 디오티마가 다시 물었다. "아름다움을 나누어 자신의 것으로 하면 무엇이 유익합니까?" 대답하기 꽤 어려운 질문이었다.

소크라테스가 답을 하는 데 난색을 표하자 현명한 디오티마는 '아름다운 것'이라는 말을 '선한 것'으로 바꾸었다. "사랑하는 자가 선한 것을 사랑한다면, 그 이유는 무엇입니까?" 소크라테스가 대답했다. "선한 것을 자신의 것으로 하기 위해서입니다." 디오티마가 다시 물었다. "선한 것을 자신의 것으로 하면 그 사람에게 무엇이 유익합니까?" 하지만 이에 대한 답을 하는 것은 이제 소크라테스에게 어려운 것이 아니었다. '선함은 곧 행복'이라는 개념적 등식을 이미 깨우쳤기 때문이었다. 그래서 소크라테스는 이렇게 대답했다. "선한 것을 자신의 것으로 나누어 가지면 행복하게 되기 때문입니다."

'선한 것'을 사랑하여 그것을 나누어 갖는 것이 '행복'에 이르려는 것이라면, 같은 방식을 취하여, '아름다움'을 사랑하여 그것을 나누어 갖는 것 또한 '행복'에 이르는 것이라는 말이 된다. '아름다움'은 '선한 것'이고, '선한 것'은 '행복한 것'을 뜻하니 말이다. 아름다움에 대한 사랑이 이런 의미를 갖는다면, 소크라테스가 아폴론을 사랑하여 이성을 나누어가지려는 그 고독의 행적도 같은 논리로 설명될 수 있을 것이다.

선의 의미

소크라테스와 플라톤 그리고 아리스토텔레스는 '선함the Goodness'을 '행복 eudaimonia'으로 정의했다. 별로 잘된 정의는 아니지만, 우리가 '선함'의 의미를 이해하는 데 많은 도움을 준다. '선함 = 행복'의 등식은 참으로 아름다운 등식이다. 그러나 '행복이 무엇이냐'는 질문에 쉽게 답할 수 있는 사람은 많지 않다. 그리고 이에 대한 답을 하는 사람들은 대부분 공리주의자들의 경우처럼 자연주의의 오류 naturalistic fallacy에 빠진다. 그 이유는 이렇다. 공리주의자들처럼 대부분의 사람들은 '행복'을 정의하면서 '쾌락'과 '만족'이라는 단어를 사용한다.

그러나 그들은 '쾌락'과 '만족'이 항상 선한 것이 되는 것은 아니라는 사실을 깨닫
지 못한다.

'쾌락은 어떤 때는 좋지만, 또 어떤 때는 나쁘다'라고 해도 논리적으로는 아무런 문
제가 되지 않는다. '만족'도 매한가지다. '만족은 어떤 때는 좋지만, 또 어떤 때는 나
쁘다'라고 해도 전혀 문제가 없는 문장이다. 예컨대, 어린이들이 음란 영화를 보면
서 '쾌락'을 즐기는 것은 '좋은' 경우가 아니며, 음식을 배불리 먹어 '만족'을 추구하
는 것 또한 '좋은' 경우가 아니다. '쾌락'과 '만족'은 때로는 좋지만, 때로는 좋은 것
이 아니다. 그러나 '선함'은 때로는 좋고, 때로는 나쁜 것이 아니다. 또한 '행복'도
때로는 좋고, 때로는 나쁜 것이 아니다. '선함'과 '행복'은 항상 '좋은 것'을 지칭하
는 단어들이다.

그러면 '쾌락'과 '만족'이라는 단어들은 '선함'과 '행복'이라는 단어들과 어떻게 다
른가. 전자는 자연적인 것 사실적인 것을 가리키는 단어들이라면, 후자는 정신적인
것을 가리키는 단어들이다. 정신적인 것을 가리키는 단어들은 사실에 영향을 받지
않지만, 자연적인 것 사실적인 것을 가리키는 단어들은 자연 현상이나 사실에 영
향을 받는다. 그렇기 때문에 '행복은 쾌락이다'라고 정신적인 것을 자연적인 단어
로 정의한다는 것은 범주를 넘어서는 논리적 문제를 불러들인다. 비자연어를 자연
어로 바꾸는 데서 발생되는 문제라는 뜻이다. 이를 철학자들은 '자연주의자들이 저
지르는 오류', 즉 '자연주의자의 오류'라고 한다. 그런데 '선은 행복이다'라고 말하
는 경향은 고대 그리스시대부터 있어 온 말이다. '선 = 행복'이라는 등식은 논리적
으로 참이다.

'사랑'을 다른 데서가 아니라 '선함과 행복'의 바탕 위에서 정당화하
는 것은 고대 그리스 철학의 핵심이었다. 「향연」에서 디오티마는 결여
된 것을 사랑하여 얻고자 할 때, 그것이 진정 '선한 것'이 아니라면, 그
것을 얻으려는 활동이 아무리 절실하다 하더라도, 그 활동을 '진정한 사
랑'이라고 할 수 없다고 말한다. 사랑을 통하여 얻고자 하는 무엇이 선
한 것이 아니라면, 그것은 행복에 이르는 것이 아니기 때문이었다. 이는
오늘날 우리에게 진실로 많은 것을 일깨워주는 말이다.

진정한 사랑은 '선한 것'과 '그렇지 않은 것'을 구별할 줄 아는 사람만

이 할 수 있다는 이야기다. 사실, 그런 사람이라면 '선한 것'을 두고 '선하지 않은 것'을 자신의 것으로 삼으려 하지는 않을 것이다. '선한 것'을 두고 '선하지 않은 것'을 자신의 것으로 삼는 것은 자신이 얻으려는 행복에 이르지 못하니 말이다.

디오티마의 말은 옳았다. '사랑'은 아무것이나 자신의 것으로 삼으려는 행위가 아니다. '사랑'은 오로지 선한 것을 나누는 일이고, 그것을 나누어 '하나가 됨'union으로써 스스로 선하게 되고, 선하게 되되 영원히 그렇게 되려는 열정이라는 것이다.

그런데 '사랑'은 선한 것을 나누어 가지되 그것을 영원히 가지려 한다는 말은 무엇을 뜻하는가. 진정한 사랑은 쉽게 생겨나고 쉽게 사라질 것을 소유하려는 것이 아니라는 뜻이다. 아름다움이 그렇듯이, 그리고 선의 속성이 그렇듯이, 그것들을 사랑하는 것은 무엇인가 불변하는 것, 영원한 것을 나누려는 정신적 힘이라는 뜻이다. 그렇기 때문에 디오티마는 「향연」에서 사랑은 육신이든 영혼이든 아름답고 영원한 것 안에 생식生殖하는 것이라고 말한다. 생식은 '죽는 것'이 '죽지 않는 것'이 되는 유일한 방법이기 때문이라는 것이다. 사람들이 일정한 나이가 되면 자식을 두려고 하는 것도 이런 연유에서라고 디오티마는 설명했다.

디오티마

디오티마Diotima는 플라톤의 「향연」에 무녀巫女로 등장한다. 그녀는 서구 문화에서 에로틱한 정감을 일으키는 존재로 인식되어 왔다. 그러나 역사에는 실존하지 않는 인물로 알려져 왔다. 학자들은 그녀가 플라톤의 상상의 세계에 존재하는 뮤즈 가운데 하나였다고 말한다. 하지만 그녀가 실존했던 인물이라고 말하면서 그 당시에 그녀만큼 사랑을 하는 방법을 잘 알고 있는 사람은 없었다고 말하는 사람도 있다.

사실, 생식은 '죽는 것'이 '죽지 않는 것'이 되는 유일한 방법일지도 모른다. 그러나 생식에는 육신적 생식만 있는 것은 아니다. 영혼의 생식도 있다. 더욱이 육신의 생식은 불완전하고 아름답지도 영구적이지도 않다. 여기에 비하여 영혼의 생식은 육신의 것이 아니니, 보다 완전하고 아름답고 영원할 것이다. 마치 아폴론의 영혼이 소크라테스의 영혼으로 이어지고, 소크라테스의 것이 그의 제자들을 거쳐 오늘날 우리에게로 이어지는 것과 같이 말이다. 아닌 게 아니라, 육신의 것은 그것이 무엇이든지 처음에는 비록 아름답다 하더라도, 잠시의 세월이 흐르면 늘 추한 것이 되기 마련이다.

그러나 디오티마에 따르면, 영원으로의 회귀를 위한 생식은 선한 것을 영원히 갖고 싶어 하는 영혼의 열정이다. 그것은 선한 것과 함께 있으려는 영원에의 회귀, 곧 불사성immortality不死性을 유지하기 위한 인간 영혼의 열정이라는 뜻이다. 그렇기 때문에 영혼의 불사성은 육신이 아니라, 영혼에 생식함으로써 보다 완전하게 누릴 수 있다고 말한다.

그런데 디오티마에 의하면, 육신이 아니라 영혼에 생식하려는 사람들은 고도의 지성을 가진 사람들이다. 왜냐하면, 그런 사람들만이 영혼의 아름다움을 볼 수 있는 안목을 가지며, 그런 사람들만이 육신의 아름다움을 제치고 영혼의 아름다움을 추구할 수 있기 때문이다.

디오티마는 영혼의 생식력을 가지고 있는 사람들은 아름다운 육신보다 아름다운 영혼을 찾아 생식하려고 한다고 말한다. 매우 그럴듯한 말이다. 아닌 게 아니라, 우리는 아폴론이 다른 사람이 아닌 소크라테스의 영혼을 찾아 자신의 속성인 이성을 생식하고, 이번에는 소크라테스가 다른 제자들을 제쳐놓고 고도의 지성을 갖춘 플라톤의 영혼을 택하여 자신의 지혜를 생식하는 것에서 영혼의 생식이 이루어지는 도식圖式을 어렵지 않게 읽어낼 수 있다.

▲ 디오티마와 소크라테스

디오티마는 플라톤의 「향연」에서 소크라테스에게 영혼의 생식에 관하여 이렇게 설명한다.

> 어려서부터 영혼이 신적이어서 선한 덕을 가지고 있는 사람은 나이가 든 뒤, 가진 것을 생식하고 싶어 할 때마다 아름다운 영혼을 찾아 그 안에 생식하려 합니다. 그는 추한 영혼에는 결코 생식하려 하지 않습니다. 그는 추한 육신보다 아름다운 육신을 더욱 반기지만, 그보다는 아름답고 고귀한 그리고 천품이 훌륭한 영혼을 만나려고 할 것입니다. 그리고 그는 그 영혼에 덕이 무엇이며, 덕을 가지고 어떻게 살아야 하고, 무엇을 행해야 하는가에 관해서 가르치려고 할 것입니다. 나의 생각으로는 그런 사람만이 아름다운 사람과 만나서 그와 사귀고, 오랫동안 가지고 있던 것을 그 영혼에 생식하고 출산을 하도록 도울 것입니다. 그리고 함께 있건, 멀리 떨어져 있건, 서로 잊지 않고 그들 사이에서 새로 태어난 것을 함께 키울 것입니다. 그 결과 이들은 육신적 관계로 맺어진 것보다 훨씬 더 친밀한 공생共生의 마음과 더욱 굳은 사랑을 유지할 것입니다. 더욱 아름답고 영원한 자식을 함께 가지고 있기 때문입니다. 그래서 훌륭한 영혼들은 이런 방식으로 육신의 자식보다 영혼의 자식을 두기 바랍니다. 그리고 이런 사람들이 남긴 자식들은 육신의 자식과 달리, 영혼의 부모를 위해 신전까지 세울 것입니다.

인간이 선하고 영원한 것을 나누기 위하여 아름다운 영혼을 찾는다는 것은 매우 그럴듯한 사랑의 이야기다. 우리는 이런 경우를 소크라테스와 아폴론의 사랑에서 볼 수 있지만, 또한 에로스와 그의 아버지 포로스 사이에서도 볼 수 있고, 에로스와 미의 여신 아프로디테 사이의 사랑에서도 볼 수 있다. 그뿐만이 아니다. 이 사랑을 우리는 역사에 기록되어 있는 훌륭한 영혼을 가진 스승들과 그 제자들 사이에서도 볼 수 있다.

05

아름다움이란 무엇인가

　플라톤의 에로스는 '아름다움을 사랑하는 신'이다. 그는 아프로디테와 같은 '아름다움의 신'이 아니다. 그는 단지 '아름다움을 사랑하는 신'이다. 에로스의 본성이 그렇다는 뜻이다. 그런데 에로스가 그토록 사랑한 그 아름다움이란 무엇인가.

아름다움의 본질

　아프로디테는 에로스가 사랑한 '아름다움의 신'이다. 그런데 아프로디테가 가지고 있는 그 아름다움이란 도대체 무엇인가. 그것은 분명 울밑에 피어 있는 한 송이 장미의 아름다움처럼 개별적인 아름다움이 아닐 것이다. 그런 아름다움은 특수한 사물이나 가지고 있는 아름다움이기 때문이다. 그런 아름다움은 그 꽃이 시들면 사라지는 그런 아름다움에 불과하다. 인류가 아프로디테에게 부여한 아름다움이란 그와 같은 특수한 아름다움과는 거리가 멀다. 인류가 하나의 신을 만들고 그것에 '아름다움'이란 속성을 부여할 때, 그것은 특수한 아름다움이 아니라 보편적인 아름다움이었기 때문이다.

진실로 울 밑에 피어 있는 한 송이 장미는 특정한 색깔과 모양과 크기와 향기를 가진 특수한 사물 가운데 하나다. 장미의 아름다움은 장미의 개별적 특성으로 구성된 특수한 자연의 아름다움이다. 그러나 이와 같은 자연적인 것의 아름다움에 비하여, 인류가 아프로디테와 같은 신을 만들고, 그 신에게 부여한 아름다움은 한 송이 장미꽃의 아름다움처럼 특수한 아름다움이 아니다. 그것은 '아름다움 그 자체'라는 뜻이다.

'아름다움 그 자체'는 한 송이 장미꽃처럼 특수한 색깔이나, 특이한 모양이나, 일정한 크기나 독특한 향기를 가지지 않는다. 그것은 또한 '피어남'과 '시듦' 같은 것도 가지지 않는다. 아름다움 그 자체는 새로 생겨나거나 없어지지도 않기 때문이다.

아름다움의 본질에 관하여 무녀 디오티마보다 더 적절하게 말한 사람은 없을 것이다. 아름다움의 본질에 대하여 디오티마는 「향연」의 끝자락에서 소크라테스에게 다음과 같이 말한다.

그것[아름다움 그 자체]은 첫째로 항상 존재하는 것으로, 생기지도 않고 없어지지도 않으며, 늘지도 않고 줄지도 않습니다. 둘째로 그것은 어디는 아름답지만 어디는 추한 것도 아니고, 어떤 때는 아름답지만 또 어떤 때는 추한 것도 아니며, 이것과 비교하면 아름답지만 저것과 비교하면 추한 것도 아니고, 또 어떤 사람에게는 아름답게 보이지만 다른 사람에게는 추하게 보이는 것도 아니며, 여기에서는 아름답지만 저기에서는 추한 것도 아닙니다.

미의 여신 아프로디테

이와 같은 본질은 단지 '아름다움'만이 가지는 것은 아닐 것이다. 플라톤은 '좋음'도, '훌륭함'도, '지혜로움'도, '참됨'도, 그리고 '정의'의 본질도 매한가지라고 했다. 이들은 모두 우리의 마음에 존재하는 보편적 관념들로 존재한다. 플라톤은 이와 같은 방식으로 존재하는 본질을 '이데아', 또는 '형상形相'이라는 말로 표현했다.

이데아는 플라톤 철학의 중심개념이지만, 플라톤은 분명히 이 이데아의 세계에 관한 생각을 그의 스승 소크라테스로부터 얻어왔을 것이다. 소크라테스가 추구한 것은 '좋음'과 '훌륭함'과 '지혜로움'과 같은 세계였으니 말이다. 이런 세계를 지어낸 것은 소크라테스였고, 플라톤은 이를 '이데아의 세계'라고 이름 지었다는 뜻이다. 소크라테스는 아름다움과 지혜로움 그 자체의 세계를 일찍이 관조했고, 그 속에서 신의 속성을 찾아냈던 것으로 보인다.

신의 세계가 그렇듯이, 이데아의 세계는 인간이 만든 세계다. '삼각형'을 예로 들어보자. 그것은 우선 사물로 존재하는 것이 아니다. 그것은 이를테면 '세 변과 세 각으로 이루어진 도형'이라는 개념으로 존재한다. 개념은 자연물처럼 어디에 스스로 존재하는 것이 아니라, 인간이 의미를 정의함으로써 만들어낸 것이다. 그래서 그것은 정의된 개념으로 존재하게 된다. 그러므로 비록 '삼각형'이 가리키는 것과 비슷한 것이 현실의 세계에 존재할 수는 있지만, 그것은 인간의 마음 안에 존재하는 삼각형의 개념과 완전히 일치하는 대상은 아니다. 때때로 우리는 칠판 위에 그린 삼각형을 보지만, 그것은 개념으로 정의되는 삼각형 그 자체가 아니라는 뜻이다. 그것은 '삼각형'이라는 이데아의 한 '그림자'에 불과할 뿐이다. 삼각형은 세상에 물질로 존재하는 것이 아니다.

아름다움의 그림자들

아름다움은 아름다움 자체를 부분적으로나마 공유한 한 송이 장미에서도 나타난다. 또한 그 밖의 수많은 것들을 통해서도 나타난다. 그런데 '아름다움 자체'를 부분적으로나마 공유하는 것 가운데 가장 그럴듯한 것은 아마도 수학일 것이다. 한평생 수학을 사랑한 어느 수학 교수는 수학의 아름다움에 빠져 말년에 신의 제단 앞에 무릎을 꿇고 기도하는 세월을 보냈다 한다. 러셀도 그의 「철학에세이」에 이렇게 썼다.

올바로만 이해한다면, 수학은 진리만이 아니라 최상의 아름다움을 갖춘 학문이다. 그 아름다움이란 차갑고도 꾸밈없이 깎아낸 조각 작품과 같은 아름다움이다.

미술이나 음악도 그렇지만, 수학은 수학 자체의 논리를 따른다. 그 결과 수학적 문장들은 깔끔하고 간결하며 체계적이어서 아름답기 그지 없다. 그 아름다움은 너무나 아름다워서 아마도 '아름다움 자체'에 가장 근접해 있다고 말해도 좋을 것이다.

수학이 그토록 아름다워 보이는 데는 그럴만한 이유가 있다. 수학의 아름다움은 우선 장미의 아름다움처럼 인간의 육안으로 확인되는 그런 종류의 것이 아니다. 그것은 우리의 손으로 만질 수 있는 것도, 쉽게 그 모양이 변하는 것도 아니다. 그것은 또한 과학적 지식처럼 어제는 참이 었다가 오늘은 거짓이 되는 것도 아니다. '수數'는 그 본질에 있어서 눈에 보이는 한 송이 장미처럼 이 세상에 널려 있는 그런 물리적 존재가 아니기 때문이다.

수학의 아름다움은 추상적 체계화에 있다. 그것은 인간이 수천 년을 다듬고 체계화한 수적 관념의 결정체라고 볼 수 있다. 그래서 수학의 아름다움은 신이 가지고 있는 아름다움을 꽤나 닮았다고 할 수 있다. 아닌 게 아니라, 수학적 진리는 깨끗할 뿐만 아니라, 그 생명이 비교적 길다. 이것은 현실과 밀착되지 않는 수학의 추상성 때문이다. 수학은 이 추상성으로 말미암아 진리의 깊이도 더한다. 화이트헤드는 그래서 이렇게 말했다. "수학의 확실성은 추상성과 일반성에 달려 있다." 또 말했다. "수학의 구조는 아름다운 우주와 일치하니, 수학 또한 아름답다."

수학의 아름다운 모습은 다양하다. 수학에서 비례는 마치 음악의 화음과 같아서, 우리에게 수의 조화가 얼마나 아름다운가를 보여준다. 예컨대, 수로 표시되는 황금비율은 시각적 아름다움으로까지 확대된다. 사람들은 피보나치 수열이 보여주는 황금비율을 최적의 아름다움으로 여긴다. '비율'은 조화의 아름다움을 보여준다. 피보나치 수열에서

1.618로 수렴되는 비율이 얼마나 최적의 조화와 아름다움을 보여주고 있으면 사람들이 그것을 '황금비율'이라고까지 하겠는가. 황금비율의 조화는 너무 아름다워서 미의 여신 아프로디테의 인체 미학을 설명하는 데에도 적용된다. 고대 그리스인들도 아름다움의 극치를 황금비율로 잡아내어 아프로디테의 몸매에 투영했던 것이다. 사람들은 '황금비율'을 '하늘이 만든 비율'이라고도 한다. 그리스에서는 탈레스가 최초로 사물에 내재되어 있는 아름다움을 비례식으로 풀어냈다고 한다. 아닌 게 아니라, 그는 이집트의 피라미드를 직각 삼각형이 가지고 있는 비례, 즉 3 : 4 : 5를 적용하여 설명함으로써 사람들을 놀라게 했다.

피보나치 수열

피보나치 수열Fibonacci sequence은 인접한 두 수의 합이 그 다음 수가 되는 수열이다. 즉, 1, 1, 2, 3, 5, 8, 13, 21, 34, 55, 89, 144, 233, 377 … 인 수열이다. 이 수열은 1+1=2, 1+2=3, 2+3=5, 3+5=8, 5+8=13, 8+13=21, 21+34=55 … 와 같은 계산 방법이 낳은 결과다. 이 수열을 닮은 자연의 모습은 아름답다. 꽃잎의 구조, 달팽이 껍질의 나선형, 나뭇가지 수 등은 피보나치 수열을 닮았다.
피보나치 수열은 다시 황금비율을 낳았다. 이 비율은 피보나치 수열의 수를 앞의 수로 나눈 것이다. 이를테면 5/3=1·666, 8/5=1.6, 13/8=1.625, 21/13=1.61538 … 144/89=1.617978, 233/144=1.618056, 377/233=1.618026 … 과 같이 말이다. 그런데 이 수열로 이루어지는 비는 여기에서 관찰할 수 있는 것과 같이 1.618로 수렴된다. 수의 이러한 현상을 피보나치는 1202년에 「산술의 서a book on calculations」에 처음으로 제시했다. 피보나치 수열이 낳은 황금비율은 기하학과 음악과 미술 등에서 그 아름다움을 절정으로 드러낸다. 레오나르도 다 빈치의 미술작품들도 철저히 황금비율을 따랐다.

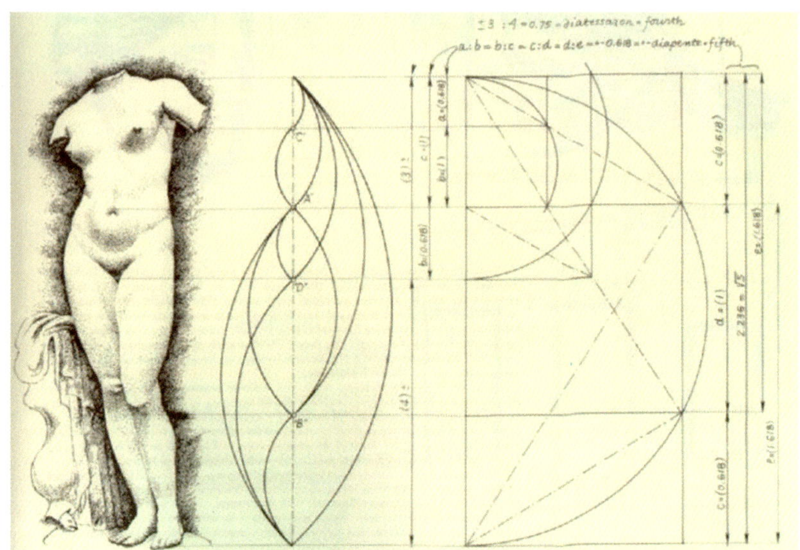

▲ 아프로디테의 황금비

아프로디테

아프로디테는 그리스 신화에 등장하는 사랑과 아름다움의 여신이다. 호메로스에 따르면, 아프로디테는 제우스와 디오네의 딸로 태어났다. 이와는 달리 헤시오도스에 따르면 아프로디테는 하늘의 신 우라노스의 딸로 키프로스 섬 파포스 근해의 거품 속에서 태어났다. 그렇게 된 연유가 있다. 천공天空의 신 우라노스는 바람기가 많아 땅의 신이자 자신의 짝인 가이아의 마음에 상처를 많이 입혔다. 이에 불만을 품은 막내아들 크로노스가 어느 날 어머니 가이아의 음부 속에 숨어 있다가 아버지의 성기를 잘라 바다에 던졌다. 바다에 던져진 성기에서 흰 거품이 일고, 거기에서 아름다운 처녀가 탄생했다. 그녀가 아프로디테다. 하늘의 신 우라노스는 강한 생식력을 가진 탓에 아무데나 생명의 씨를 뿌렸다.

아프로디테는 케스토스 히마tmkestos himas라는 두루뭉술하고 축 늘어진 매력적인 띠를 허리에 두르고 있다. '마법의 띠'라는 뜻을 갖는다. 이 띠는 애정을 일으키게 하는 힘을 가지고 있다. 이 띠를 매고 그녀가 유혹을 하면, 그 유혹에 걸려들지 않는 신이 없었다. 술의 신 디오니소스도 바다의 신 포세이돈도 그리고 전생의 신 아레스도 여기에 걸려들었었다.

올림포스 12신 가운데 하나인 아레스는 용감할 뿐만 아니라, 잘생긴 남자였다. 어느 날 아프로디테가 아레스를 유혹했고, 이들의 밀회는 태양신에 의해서 발각되었다. 태양신은 이 사실을 아프로디테의 남편 헤파이스토스에게 알렸다. 헤파이스토스는 며칠 동안 눈에 보이지 않는 청동실로 그물을 만들었다. 아프로디테를 그 그물로 잡기 위한 것이었다. 신화에서는 아프로디테가 바다에서 나왔으니 그녀를 잡는 것은 당연히 그물이라고 생각했을 것이다. 헤파이스토스는 두 사람이 껴안고 있는 장면을 목격하고, 그 그물로 침대를 덮어 그들을 꼼짝 못 하게 잡아 두었다. 그런 뒤 헤파이스토스는 다른 남자 신들을 불러 두 사람을 웃음거리로 만들었다.

아프로디테의 남편 헤파이스토스는 올림포스 12신 가운데 하나인 대장장이 신이다. 그는 올림포스에서 가장 못생긴 신이다. 이들을 결혼시킨 것은 아프로디테의 아버지 제우스였다. 그러나 이들의 결혼은 행복하지 않았다. 헤파이스토스가 대장간 일이 바쁘다는 이유로 천상의 미녀 아프로디테를 자주 돌아다보지 않았기 때문이다. 이 때문에 아프로디테는 헤파이스토스를 포함하여 많은 남자 신들과 정을 통했다. 이런 일은 그녀의 아름다운 몸매와 그녀가 매고 다닌 그 유혹의 띠 때문이었을 것이다.

세상 사람들은 말하기를 아름다우면 그 아름다움이 제값을 한다고 한다. 아름다운 사람은 바람기가 많다는 뜻이다. 신들의 세계가 아닌, 이 지상의 아름다움까지도 아름다움의 여신 아프로디테를 닮은 모양이다.

아프로디테는 어느 날 아들 에로스가 가지고 노는 화살에 찔렸다. 이 화살을 맞으면 사랑의 힘이 발동하여 사랑을 찾아다니기 마련이었다. 아프로디테는 매력적인 소년 아도니스를 만나 사랑에 빠졌다. 그러나 두 사람의 위험한 사랑은 첫 번째 애인 아레스에게 알려졌다. 화가 난 아레스는 아도니스에게 멧돼지를 보내 그를 죽여 버렸다. 이를 본 아프로디테는 "나는 그대의 죽음과 나의 슬픔을 해마다 새롭게 피우기 위해 그대가 흘린 피를 꽃으로 피어나게 하리라"며 아도니스가 흘린 피에 신주神酒를 뿌렸다. 거기에서 한 송이 꽃이 피어났다. 그러나 그 꽃의 수명은 그들의 사랑만큼이나 짧았다. 그 꽃을 사람들은 '아네모네', 곧 '바람꽃'이라 했다. 바람이 불면 피어나고, 다시 바람이 불면 지기 때문이었다. 아프로디테는 이 일이 있은 뒤 다시 많은 남자 신들과 바람을 피웠다. 아름다움이 제값을 하는 것이었으니, 인간인 우리가 어찌 할 수 있었겠는가.

피타고라스는 음계의 간격과 진동하는 현의 길이를 수의 비율로 표현했다. 레오나르도 다 빈치의 인체 구조, 파르테논 신전의 아름다움도 황금비율로 설명된다. 고흐와 모네의 그림, 해바라기 꽃의 구조, A4 용지의 가로와 세로, 심지어 신용카드 규격은 물론, 별의 모양과 조개껍질의 방사선 등은 모두 비례로 설명되는 아름다움의 그림자들이다.

그렇다면 우리가 아름다움의 그림자들을 보고 아름답다고 말하는 것은 그것들을 비례로 보고 있다는 뜻이기도 하다. 그러나 우리는 미처 그런 아름다움을 '비례로 보고 있다'는 생각조차 하지 못하고 그저 그 아름다움을 아름답게 보아 왔을 뿐이다. 그러면서 산야를 걸으며 아름다운 꽃과 나무와 풀과 그 밖의 자연을 보고 그것들이 아름답고 선하여 발길을 떼지 못하는 경우가 많았다. 그럴 때 우리의 마음은 아마도 신의 세계에 가까이 가 있었을 것이다.

신은 황금비율로 천지를 창조한 위대한 예술가인 동시에 수학자인지도 모른다. 그래서 많은 수학자들은 수학의 정교함과 우주의 구조가 너무도 닮아서 '신은 수학자인가'라고 중얼거렸을 것이다. 신은 수학으로 천지를 창조한 듯하다. 경이롭게도 우주의 구조가 수의 아름다운 비율을 드러내고 있으니 말이다. 그러나 또 다른 수학자들은 말한다. '신이 수학자다'라고 말할 것이 아니라, '수학이 곧 신이다'라고 말해야 한다는 것이다. 그는 피타고라스였다.

그러나 우리는 이와 같은 수학의 아름다움조차 아름다움의 그림자일 뿐이라는 사실을 인식해야 한다. 그것은 아름다움 자체가 아니라는 단순한 이유에서다. 인간은 아름다움을 인식하고 사랑하여 그것을 나누어 가지려고 하지만 결코 아름다움 그 자체에 이르지는 못한다. 다만 아주 가까이 갈 수 있을 뿐이다.

▲ 아도니스와 아프로디테 그리고 아네모네

▼ 레오나르도 다 빈치의 인체구조

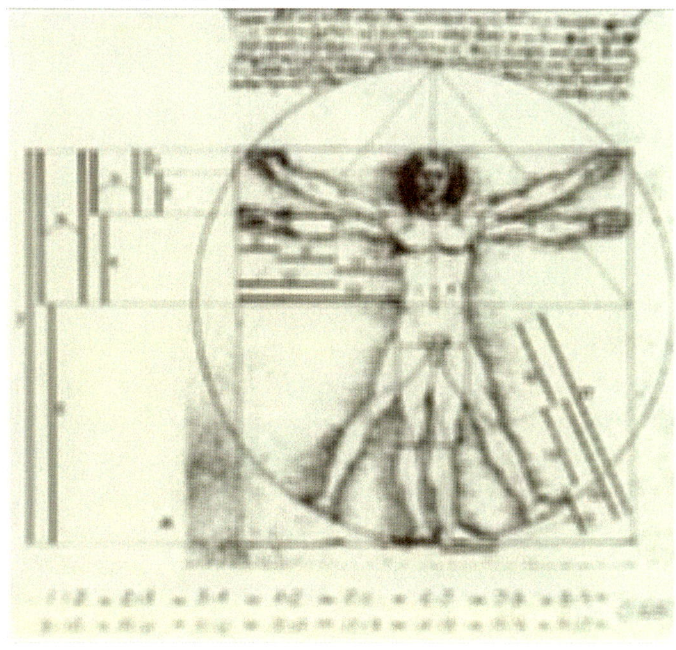

▲ 파르테논 신전

신은 수학자인가

'신은 수학자인가'라는 질문을 자주 한다. 이런 질문이 제기되는 것은 두 가지 이유에서일 것이다. 한 가지는 신의 창조물이라고 보는 우주가 수학적 구조로 꾸며졌다는 이유이고, 다른 한 가지는 수의 세계가 '무한성'과 '영원성'과 같은 신의 속성을 가지고 있다는 이유일 것이다.

우주는 수학적 질서를 따라 정연하게 펼쳐져 있다. 이런 뜻에서 갈릴레오 갈릴레이는 '우주는 거대한 수학책과 같다'고 했다. 이는 어쩌면 수의 한 구조로서 황금비율과 자연의 아름다움이 일치하는 것을 보고 느낀 감탄일지도 모른다. 이런 뜻에서 보면 수학자들이 말년에 수의 신비에서 신의 세계를 발견하고 유신론을 받아들이는 것이 부질없는 소치만은 아닌 듯싶다.

무한의 아름다움

'무한infinity'은 수의 아름다움 가운데 한 부분이다. 우리는 흔히 '무한'을 '수학자의 낙원'이라 한다. 수의 세계가 무한으로 펼쳐져 있으니, 수학자들이 그 무한에서 얼마나 자유롭게 활보할 수 있겠는가. 무한은 유한에 갇힌 인간이 그 유한을 벗어나 마음껏 활보할 수 있는 세계다. 그러니 어찌 무한이 수학자의 낙원이 아니겠는가.

인간 정신은 유한에 갇히려 하지 않는다. 인간은 이 유한을 벗어나기 위해서 종교를 만들었을 뿐만 아니라, 그 영원하고 무한한 세계를 동경하고 사랑했다. 그리하여 마침내 그 세계를 만드는 데 성공했다. 그 증거를 우리는 지금 수학에서 볼 수 있다. 수학은 그 동경의 세계가 실재한다는 사실을 우리에게 역력히 보여주는 인류의 위대한 작품이다.

사실, 무한의 세계가 정말로 존재하는지는 수의 성질에 관한 초보적 지식만 가지고 있어도 쉽게 확인할 수 있다. 수의 성질을 어느 정도만이라도 이해하는 사람이라면 1에 2가 따르고, 2에 3이 따르며, 3에 4가 따르는 이 수의 행렬이 무한으로 뻗어나간다는 사실을 인정하지 않을 수 없을 것이다. 수학에서 '무한'은 이런 방식으로 존재한다.

'무한'은 이제 우리의 인식 세계에 들어오게 되었고, 역으로 우리 또한 이 '무한'의 세계에 들게 되었다. 수학자들은 이 '무한'을 '∞'라는 기호로 간결하게 그려냈다. 수는 '무한' 속으로 한없이 진행되어 나가면서 그 질서의 아름다움을 연출한다.

수학이 지금처럼 발전하기 전에 '무한'은 오로지 신의 소유였을 것이다. 그것은 오로지 신만의 세계였고, 인간은 오직 그것을 경탄의 마음으로 우러르기만 했을 것이다. 그러나 '무한'은 이제 인간의 세계로 내려와 있게 되었다.

'무한'의 개념을 충분히 이해하지 못한다 하더라도, 이제 어린이들조차 아름다운 밤하늘을 올려다보면서 과학 선생님으로부터 무한에 관한 우주 이야기를 듣는다. 그리고 그들의 마음은 그 무한에 대한 외경畏敬으로 가득 차게 된다. 그래서 두근거리는 가슴을 안고 그 세계가 참으로 신비스럽고 아름답다 한다.

아닌 게 아니라, 자연수의 행렬이 무한으로 치닫고, 하나의 선분 속에는 점들이 무한으로 모이며, 선은 무한으로 연장된다는 논리를 일단 파악한 사람들이라면, 그 '무한의 세계'가 가지고 있는 아름다움에 매혹되지 않을 수 없을 것이다.

그런데 수학에서 무한의 개념은 물리적 공간에 관한 이야기가 아니다. 그것은 오로지 우리의 인식 공간에 관한 이야기이다. 그래서 이 인식 공간은 물리적 법칙의 지배를 받지 않으니, 그 자체로 자유로운 세계일 수밖에 없다. 이 자유는 진실로 감각적, 물리적 공간의 세계에 갇혀 있던 우리의 인식범위를 그만큼 더 넓힘으로써 우리로 하여금 그 세계를 보다 자유롭게 활보할 수 있도록 한다. 이런 뜻에서 '무한'은 아름답다 못해 신비하고, 신비하다 못해 경이롭기까지 하다. 그래서 그랬는지, 수학자 힐베르트는 무한에 대한 경이를 이렇게 읊었다.

그 어떤 문제도 인간들의 감정을 '무한'과 같이 크게 자극한 것이 없다. 그 어떤 관념도 '무한'만큼 탁월하게 사람들의 이지理智를 찬탄하도록 한 것도 없다.

수학은 아름답다. 그러나 우리가 다시 기억해야 할 것이 있다. 그것은 수학이 보여주는 아름다움이 아무리 아름답다 하더라도, 그 아름다움은 여전히 아름다움 그 자체가 아니라는 사실이다. 수학의 아름다움은 아름다움 그 자체를 어느 정도 나누어 가졌을 뿐, 아름다움 그 자체는 아니라는 생각에 이른 사람은 아름다움이 진실로 무엇인지를 관조하고 있는 사람이다. 아름다움의 본질에 대한 디오티마의 그 명쾌한 설명을 다시 들어 보아야 할 차례다.

> 아름다움 그 자체는 사람의 얼굴이나 손이나 그 밖의 신체의 어느 것으로도 나타나지 않습니다. 또 말이라든가 지식 같은 것으로도 나타나지 않습니다. 더 나아가 그 밖의 어떤 것, 이를테면 생물이라든가 땅이나 하늘 어느 것으로도 나타나지 않습니다. 그것은 오히려 그 자체만으로, 그 자체와 함께 있으며, 단 하나의 영원한 모습으로 나타납니다. 그러나 다른 모든 아름다운 것들은 이 아름다움 자체를 나누어 가질 때 비로소 아름다워집니다.

수학을 사랑하는 것은 수학의 아름다움을 나누는 활동이다. 그 결과 우리들의 마음이 짜임새 있고, 간결하고 정확하며, 깊이 있는 추상의 세계를 향유할 수 있게 된다. 진실로 수학의 세계를 사랑하여 그것의 아름다움을 나누어 가지는 사람들은 미묘하고도 신비한 수학의 아름다움을 줄줄이 읽어가면서 그것을 관조하고 즐거워 할 것이다.

'무한'의 세계가 이와 같은 방식으로 존재한다면, '정의', '용기', '절제', '지혜' 등도 같은 방식으로 존재할 것이다. 그리고 인간은 그런 세계를 동경하면서 정의와 용기와 절제와 지혜를 나눌 것이다. 소크라테스가 아고라에서 무지한 군상들의 뒤얽힌 생각을 헤치고 나가면서 그토록 '정의'와 '용기'와 '절제'와 '지혜'의 의미를 캐내는 데 힘을 기울이고, 그토록 그 속에 깃든 아름다움을 추구했던 것도 이런 이유에서였을 것이다.

06

플라토닉
러브의 미학

에로스의 사랑은 아름다움을 향한 것이었다. 아름다움에 대한 사랑은 에로스의 속성, 곧 그가 가지고 태어난 것이었다. 아름다움을 사랑함은 그 아름다움을 나누어 갖고자 함이었다. 그런데 아름다움을 나누어 갖고자 한 에로스의 사랑은 어떻게 이루어지는 것이었는가. 그런 사랑은 에로스와 같은 신이 아닌 인간에게도 가능한 일인가. 그럴 수 있을 것이다. 우리는 이 사랑의 가능성을 인간으로서 소크라테스가 아폴론의 이성을 사랑하고 그것을 나누어 갖는 과정에서 엿볼 수 있을 것이다.

신과 신 사이에서든, 인간과 신 사이에서든, 인간과 인간 사이에서든, 사랑이 이루어지는 과정은 아름답기도 하지만 그것들 사이에는 분명 유사성도 있어 보인다. 인간에게 있어서나 신에게 있어서 사랑은 자신에게 부족한 것을 나누는 것이니 말이다. 그러나 그것은 구체적으로 어떻게 이루어지는 것인가.

사랑의 계단

디오티마는 「향연」에서 소크라테스에게 다음과 같이 말한다. 아름다움에 대한 사랑은 우선 땅 위에 있는 하나하나의 아름다운 것들로부터 저 가장 높은 아름다움으로 더욱 더 높이 올라가는 것이라고 말이다. 그것은 마치 사다리의 계단을 하나씩 밟고 올라가듯, 하나의 아름다운 것으로부터 두 번째 아름다운 것으로, 두 번째 아름다운 것으로부터 더 많은 아름다운 것으로, 그 다음에는 더 많은 아름다운 것으로부터 모든 아름다운 것으로, 그리고 모든 아름다운 것으로부터 아름다운 제도로, 아름다운 제도로부터 아름다운 학문으로, 아름다운 학문으로부터 저 아름다움 그 자체에 올라가는 것과 같다는 것이다. 아름다움을 향한 끝없는 등정登頂이다.

아름다움을 향해 오르는 사랑의 계단은 이런 것이었다. 그러나 이 사랑의 계단은 디오티마가 만들어 놓은 것이라기보다 플라톤이 만든 것이었고, 플라톤이 만든 것이라기보다 그의 스승 소크라테스가 만든 것이었다.

아름다움을 향해 한 계단 한 계단 오르는 소크라테스의 모습은 아름답다 못해 처절할 정도로 성스러웠다. 플라톤은 사랑의 계단을 오르는 스승의 모습을 그의 대화편에 스케치했다. 스승 소크라테스는 제자 플라톤의 대화편에서 '사랑의 이야기'를 엮어가는 주연배우였다.

플라톤이 엮어낸 소크라테스의 사랑의 행적 가운데 가장 특이했던 것은 소크라테스가 사람들 속에 끼어들어 재치 있게 그들의 말꼬리를 잡는 모습일 것이다. "당신이 지금 말한 그 '정의'란 도대체 무슨 뜻인가?", "당신은 지금 아름답고 선하다고 했는데, 도대체 그 '아름다움'이란 무엇이고, '선함' 또한 무엇인가?" 이런 질문들로 시작되는 소크라테스의 말꼬리 잡기는 제자 플라톤이 보기에 가히 다른 데에서는 볼 수 없는 드라마의 명 장면이었을 것이다.

소크라테스는 아고라에서 사람들이 사용하는 용어의 의미를 묻고 또 물었다. 아테네인들은 이런 광경을 이상하게 보지 않을 수 없었을 것이다. 아닌 게 아니라, 이처럼 이상한 일에 대한 소문은 아고라는 물론 아테네 전역에 퍼졌고, 결국 소크라테스는 '말이 많고 걸핏하면 덤벼들어 말꼬리를 잡는 사람'으로 알려졌다. 그러나 그것은, 플라톤이 올바로 관찰했듯, 소크라테스가 지혜와 아름다움에 오르는 사랑의 계단이었다.

디알렉티케

소크라테스의 말꼬리 잡기는 점점 정형화 되어갔다. 그것은 단순한 말꼬리 잡기가 아니었다. 그것은 그의 독특한 대화법이었다.

소크라테스가 아고라에서 아테네인들과 더불어 벌인 대화는 그들이 사용한 용어의 의미 혼란과 사고의 논리적 혼돈을 바로잡기 위한 것이었다. 그것은 궁극적으로 혼돈을 뒤로 하고 아름다운 이성적 질서에 이르기 위한 영혼의 갈구, 곧 이성의 신 아폴론에 대한 사랑이었다.

그런데 소크라테스의 대화법은 아무나 쉽게 이해할 수 있는 것이 아니었다. 아마도 플라톤을 제외하고 소크라테스의 대화법이 갖는 목적과 방법을 제대로 이해한 사람은 많지 않았을 것이다. 아닌 게 아니라, 플라톤은 소크라테스를 처음 만났을 때부터 그의 말법이 예사롭지 않다는 것을 알아 챈 사람이었다.

소크라테스의 말법은 일종의 논리학이었다. 논리학이 그때까지 틀을 제대로 갖추지 못하고 있었으니, 사람들은 그것이 논리학인 줄 조차 알지 못했을 것이다. 소크라테스 역시 그랬을 것이다. 마치 농부들이 특정한 농사법을 가지고 농사를 짓는데도 그것이 농학이라고 생각하지 못하는 것과 같이 말이다.

소크라테스는 진실하고 소박하게도 '말은 말법을 따라 진행되어야 한다'는 사실만을 깊이 깨닫고, 양심에 따라 그 말법을 철저히 실행에 옮겼던 것이다. 소크라테스의 이 말법에 플라톤은 논리학의 원형인 '디알렉티케dialektike', 우리말로 '변증법辨證法'이라는 이름을 붙였다. 문답법 혹은 대화법이라고도 한다.

소크라테스가 사랑의 실천가였다면, 플라톤은 사랑의 이론가였다고 말하는 편이 나을 것이다. 디알렉티케는 결국 플라톤이 체계화한 것이 되었다. 하지만 일찍이 그 체계 속에 들어가 제대로 된 논리의 길, 곧 말법을 따라 이성의 계단을 오른 사람은 분명 그의 스승 소크라테스였다.

소크라테스는 디알렉티케를 통하여 사람들이 저지르는 사고의 오류를 찾아냈을 뿐만 아니라, 그것을 바로잡음으로써 그들로 하여금 아폴론, 즉 이성의 세계를 향한 계단을 올바로 오르도록 했다. 그것은 사고의 오류를 바로잡는 일종의 지적 정화의 과정이었다.

그리스어 dialektike디알렉티케의 사전적 의미는 단순히 '말을 주고받는 것'을 의미한다. 그러나 소크라테스가 보여준 디알렉티케는 단순히 말을 주고받는 것으로 그치지 않았다. 그것은 어떤 신념이 받아들일만한 가치가 있는가, 거기에 사용된 용어의 의미는 명료한가, 논리적 정합성整合性은 유지되어 있는가를 논하는 매우 섬세한 과정이었다. 결국 소크라테스가 택한 디알렉티케의 길은 이성이 이끌어가는 논리를 따르는

것이었고, 그것을 통하여 언어의 혼란과 사고의 혼돈을 헤쳐 나감으로
써 신들의 세계, 곧 아름다움의 세계를 관조할 수 있는 자리에 오르는
것이었다.

▲ 「아테네학당」의 소크라테스

디알렉티케dialektike는 '대화'를 뜻하는 그리스어다. 영어의 dialogue다이알로그가 dialektike디알렉티케에서 왔다. 디알렉티케를 우리는 '변증법辨證法'이라고 한다. 고대 그리스에서 엘레아 출신인 제논이 이 단어를 처음으로 만들어 사용했다. 그러나 우리에게 변증법은 소크라테스에 의해서 더 잘 알려져 있다. 그리고 그 모습이 확연히 드러난 것은 플라톤의 대화편에 의해서다. 플라톤이 자신의 스승 소크라테스가 논증하는 방법을 자세히 관찰한 뒤, 그것을 자신의 것으로 만들어 수많은 대화편들을 썼다. 대표적인 변증법은 그밖에 헤겔, 마르크스, 슐라이허마하 등의 것이다.

소크라테스의 디알렉티케는 두 가지 형식을 갖추었다. 하나는 반어법이고, 다른 하나는 산파술이다. 반어법은 상대방의 대화에서 발견되는 모순을 찾아내어 지적하는 방법이고, 산파술은 상대방이 이미 알고 있는 것을 상기시켜 그것으로 새로운 지식을 스스로 획득하도록 이끄는 방법이다.

어떻든 디알렉티케는 오늘날 우리에게 친숙한 논리학으로 발전되었다. 그리고 이 논리학은 인간의 일상 언어는 물론, 고도의 학문적 탐구의 밑바탕을 형성하여 왔다. 모든 학문은 각각의 특성에 따라 형성된 특수한 논리학들이다. 이를테면, 생물학은 생물에 관련된 논리학이고, 동물학은 동물을 연구하는 논리학이며, 심리학은 인간 마음을 연구하는 논리학이고, 수학은 수를 가지고 연구하는 논리학이다. 이들 학문들의 영어 이름이 '논리'라는 의미를 갖는 logy나 ics로 끝나는 것도 이런 연유에서다.

육신의 눈은 멀고

아름다움 자체를 보려면 우리는 그것을 볼 수 있는 눈을 우선 구비해야 한다. 그러나 아름다움 그 자체를 보는 눈은 육신의 눈육안이 멀고, 마음의 눈심안이 밝아질 때다. 「향연」에서 디오티마가 소크라테스에게 일러준 이야기다. 또한 소크라테스가 제자 알키비아데스를 꾸짖으며

한 말이기도 한다.

사실, 육신의 눈만으로는 '아름다움 자체'는 고사하고 '아름다움의 그림자들'조차 제대로 보지 못한다. 육신의 눈만으로는 아름다움의 특성이 무엇인지를 확인할 수 없기 때문이다. 이는 마치 '해'와 '하늘'의 개념을 획득하지 못한 사람이 어느 것이 해고 또 어느 것이 하늘인지를 구분하지 못하는 것과 같다. 마음의 눈이 구비되어 있지 않기 때문이다.

우리는 마음의 눈을 통해 해와 하늘을 경계 짓고, 물고기와 바다를 갈라놓는다. 또한 더 높은 단계로 올라가서 '아름다움'과 '추함'을 구분하고, '선'과 '악'의 사이를 가른다. 이는 마치 「창세기」에서 천지가 창조되는 모습과 흡사하다. "해가 있어라" 함에 해가 있게 되고, "하늘이 있어라" 함에 하늘이 있게 되었다는 「창세기」의 말은 육신의 눈에 관한 이야기가 아니라 마음의 눈에 관한 이야기다. "해가 있어라", "하늘이 있어라"라는 말로 마음의 눈에 '해'와 '하늘'이 개념적으로 서로 나뉘어 존재하게 되었다는 뜻이다. 그래서 이와 같은 마음의 눈을 구비한 사람에게는 해와 하늘이 서로 뒤섞이지 아니 하고 다르게 보인다. 「요한복음」의 첫머리에 나오는 구절, '태초에 말씀이 있었으니, 이 말씀으로 천지가 창조되었다'는 말도 이와 같다. 신은 언어로 천지를 창조한 모양이다.

마음의 눈은 '아름다움'과 '선함'과 '정의'와 '사랑'과 '용기'와 '절제'와 같은 개념들로 구성된다. 그런데 이러한 개념들은 이미 신들의 세계에나 속한 것이 아닌가. 그렇다면 '신의 세계'는 오로지 '마음의 눈'을 통해서나 볼 수 있다는 뜻이 된다. '마음의 세계'와 '신들의 세계'는 서로 다른 세계가 아니다.

마음의 눈에 대하여 다시 디오티마가 소크라테스에게 말했다. 「향연」에서다.

소크라테스여, 인내심을 가지고 내 말을 경청하십시오. 지혜도 마찬가지 지만 아름다움 그 자체에 이르려면, 우리는 우선 우리의 육안으로 볼 수 있 는 하나의 아름다운 육신을 사랑해야 합니다. 그 다음에는 어느 한 육신의 아 름다움은 다른 육신의 아름다움과 같다는 것을 깨달아야 합니다. 그런데 하 나나 둘의 육신적 아름다움을 볼 줄 아는 눈은 모든 육신의 아름다움을 볼 줄 알게 됩니다. 그리고 어느 한 육신에 대한 열렬한 사랑은 보잘것없는 것이라 고 생각하게 되고, 결국 그것에 대한 연민의 정을 버리게 됩니다. 그런 것은 그에게 시시껄렁한 것에 지나지 않기 때문입니다. 그 다음에는 육신의 아름 다움에서 벗어나 영혼의 아름다움을 보게 되고 그것에 매혹됩니다. 그리고 영혼의 아름다움에도 여러 가지가 있다는 것을 보게 됩니다. 이것은 물론 육 신의 눈으로가 아니라, 마음의 눈으로 보게 되는 것입니다. 어느새 보는 방법 이 육신의 눈에서 마음의 눈으로 바뀐 것입니다. 이렇게 마음의 눈을 갖게 된 사람은 이제 노예처럼 어느 한 소년의 아름다움만 보고 그것에 만족하지 않 을 뿐만 아니라, 그것에 예속되지도 않습니다. 그의 눈은 이제 육신의 아름다 움을 볼 수 없게 되었지 뭡니까. 그래서 그는 저 높은 아름다움으로 마음의 눈을 돌려, 아름다움 그 자체를 보면서 즐거워하는 단계에 이르렀다고 말할 수 있게 됩니다.

인류 지성사에서 육신의 눈은 멀고 마음의 눈이 가장 밝았던 사람은 분명 소크라테스였을 것이다. 그는 항상 마음의 눈으로 세계를 보았을 뿐만 아니라, 그 세계로 아테네인들을 데리고 가려 했다.

마음의 눈으로 보는 것들, 예컨대 '정의'와 '평등'과 '존엄성'과 '책임' 과 '우애'는 서로 손에 손을 잡고 거대하고 복잡한 네트워크를 형성한 다. 그래서 인류의 마음은 '정의'라는 개념 없이 '평등'을 이해할 수 없 고, '평등'이라는 개념 없이 '존엄성'을 또한 이해하지 못한다. 이 개념들 은 모종의 논리에 의해서 서로 연결되어 있으며, 우주가 팽창하듯이, 그렇게 폭을 넓혀가면서 마음의 세계, 곧 신들의 세계를 확장해 나간다. 그리고 마음의 눈을 구비한 사람들은 '정의', '평등', '존엄성', '책임', '우애', '절제' 등으로 형성되는 세계를 보고 이들 사이의 경계가 어떻게 나누어지는지, 그리고 어떻게 이어지는지를 보게 된다.

마음의 눈으로 신들의 세계를 보는 것을 우리는 '관조觀照theoria한다'고 말한다. 다른 말로는 '이론theory으로 본다'고 말한다. 소크라테스는 분명히 디알렉티케를 통해서 아름답고 선한 신들의 세계를 관조한 사람이었다. 그 결과 그의 육신의 눈은 이미 멀게 되었고, 대신 마음의 눈은 더욱 밝아지게 되었다.

마음의 눈이 밝아진 소크라테스는 '칼로스 카가토스'를 외치지만 이에 이르지 못한 정치인들의 행태를 보면서, 오만으로 가득 찬 박학한 무지자들과 충돌하면서, 아고라에 모인 사람들의 편견과 사고의 혼란을 목격하면서, '인간이 갖추어야 할 덕이란 도대체 무엇인가'에 대한 질문에서 잠시도 떠날 수가 없었다. 그리고 그것이 무엇이든, 그것은 지혜에 뿌리를 두지 않으면 안 된다는 사실도 깨달았다. 덕은 지혜를 떠날 수 없다는 것, 아니 덕과 지혜는 서로 다른 것이 아니라는 큰 깨우침이었다. 덕이 지혜를 벗어나면 선한 것이 될 수 없을 뿐만 아니라, 위험한 것이라는 깨달음이었다. 이른바 지덕동일설이다. 이와 같은 그의 깨달음은 델포이의 아폴론 신전에 각인된 저 경구 '너 자신을 알라' 속에 숨겨진 비밀이 또 한 번 드러나는 순간이었다.

필로소피아

'지혜의 사랑'은 「향연」의 주제이지만, 이는 그리스 문자로 'φιλοσοφία 필로소피아', 영자 표현으로는 'philosophia'다. '필로소피아'는 소크라테스가 보여준 '지혜의 사랑'을 제자 플라톤이 표현해 낸 단어였다. 하지만 스승이 보여준 이 지혜의 사랑을 플라톤이 그의 대화편 전역에 자신의 언어로 다듬어 놓았기 때문에, 우리는 그 사랑을 '플라토닉 러브Platonic love'라고도 부른다.

플라톤은 스승이 지혜의 사랑에 헌신하다가 힘없이 정치판의 제물로 사라지는 것을 목격하고 실의에 빠진 채 먼 여행길에 나섰다. 무려 12년 동안의 긴 여행에서 돌아온 뒤, 그는 아테네 북쪽의 헤카데미아Hekademia에 있는 올리브 숲에 아테나 신을 모신 사당을 짓고 스승을 대신하여 제자들을 가르쳤다. 기원전 387년경의 일이었다. 결혼도 하지 않은 채였다. 헤카데미아는 플라톤이 사망한 뒤, 기원후 529년까지 900년의 역사를 이었다.

플라톤의 학교가 자리한 헤카데미아는 그 뒤 '아카데미아Akademia'로 이름이 바뀌었고, 이에 따라 그의 학교도 '아카데미아'로 불리게 되었다. 우리가 잘 알고 있는 영어 'academy아카데미'라는 말도 이렇게 탄생되었다.

플라톤의 아카데미아는 플라톤의 이름만으로도 유명하지만, 그것은 또한 플라톤의 제자 아리스토텔레스가 스승 플라톤 밑에서 무려 20년 동안이나 공부한 곳으로도 이름 높다. 아리스토텔레스는 그리스의 북쪽 스타기로스에서 출생하여 17세에 학문에 뜻을 두고 멀리 아테네의 플라톤을 찾아와 아카데미아에 입학했다. 스승과 제자의 이런 만남이

얼마나 인상 깊었으면 라파엘로가 「아테네학당」을 그리면서, 그 학당의 중앙을 걸어 나오는 플라톤 옆에 아리스토텔레스를 나란히 세워 놓았겠는가.

고대 아테네에서 가르치는 일에 종사한 사람들은 주로 소피스트들이었다. 하지만 귀족의 집에 들어가 청소년들의 교육을 돌본 파이다고스paidagogos들도 있었다. 소피스트들은 아테네 사회에 등장한 새로운 계층의 사람들이었다. 고르기아스가 그렇듯이, 그들 가운데에는 아테네의 밖에서 들어온 사람들도 있었다. 그들은 가르침의 대가를 받고 청소년들을 가르치면서 이곳저곳을 떠돌아 다녔다. 이들을 두고 사람들은 '지혜를 팔아먹는 행상'이라고 했다.

소크라테스도 소피스트들을 나무랐다. 가르침에 대한 자신의 생각과 소피스트들의 그것 사이에 근본적인 차이가 있었기 때문이다. 소크라테스에 따르면, 지혜와 아름다움과 정의와 절제와 사랑과 같은 인간의 마음은 소피스트들이 생각하는 것과 같이 웅변술과 수사법을 통하여 한 사람에게서 다른 한 사람에게로 전달할 수 있는 것이 아니었다. 이와 같은 마음을 추구하는 것은 사랑을 통하여 신의 성질을 나누어 갖는 일이었다. 「향연」에서 소크라테스가 아가톤과 나누는 대화의 한 토막에 귀를 기울여 보자.

> 아가톤이여, 만약 지혜가 나에게서 다른 사람에게로 흘러나갈 수 있는 것이거나, 그것이 충만한 사람에게서 텅 비어 있는 사람에게로 넘쳐나갈 수 있는 것이라면 얼마나 좋겠는가. 또한 지혜가 마치 이 컵의 물을 저 컵으로 옮겨 부을 수 있듯이 그렇게 옮겨질 수 있는 것이라면 얼마나 좋겠는가. 아가톤이여, 당신이 말하듯이 만약 지혜가 이렇게만 될 수 있다면, 나는 당신의 바로 옆에 앉는 특권을 얻고 싶네. 왜 그런지 알겠나? 그렇게 되면 지혜라는 아름답고 큰 강물이 당신에게서 흘러나와 나의 빈 그릇을 가득히 채워 줄 것이 아니겠나.

이 말을 들은 아가톤은 부끄러워하면서 소크라테스에게 자신을 놀리지 말라고 한다. 그리고 이렇게 고쳐 말한다.

> 지혜는 물이 한 곳에서 다른 곳으로 흘러갈 수 있듯이 그렇게 한 사람의 마음에서 다른 사람의 마음으로 전달될 수 있는 것이 아닙니다. 이 사실을 제가 어찌 모르겠습니까.

아가톤이 소크라테스가 한 말을 제대로 알아들은 것이다. 지혜와 용기와 아름다움과 절제와 정의와 사랑과 같이 신적인 성질은, 이 컵의 물을 저 컵에 붓는 것처럼, 그렇게 한 존재자에서 다른 존재자에게로 언어에 실려 옮겨 갈 수 있는 것이 아니라는 것을 말이다.

소크라테스는 지혜의 사랑을 통해서 신성을 나누어 갖는 방법으로 디알렉티케를 택했다. 그의 디알렉티케는 지혜의 사랑이 따라야 할 논리였다. 그것은 소크라테스에게 있어서 사랑이 이루어지는 길, 곧 신의 세계로 가는 통로였다. 그는 이 길을 따라 우선 그와 대화하는 사람의 생각 속에 묻혀 있는 논리적 오류를 들추어냈다. 그리고 올바른 사고의 길을 텄다. 지혜의 사랑이 구체적으로 이루어지는 모습이었다. 우리에게 잘 알려진 그의 반어법反語法과 산파술産婆術은 이렇게 탄생되었다.

반어법을 그리스 말로 elenchos엘렝코스라 하고, 산파술을 maieutike메이오티케라 한다. 이들은 아름다움과 선함으로 가는 사고의 길들, 곧 '디알렉티케'였다.

반어법은 플라톤의 대화편 전체에 깔려있다. 그 대표적인 것 가운데 한 가지는 「국가」의 첫머리에서 소크라테스와 트라시마코스가 벌이는 '정의正義'의 정의 문제를 다루는 과정에 나타난다.

▲ 디알렉티케와 소크라테스

반어법

'정의'의 정의 문제를 두고 이루어지는 대화에 트라시마코스가 끼어들었다. 트라시마코스는 "정의는 강자의 이익이다"라고 했다. 소크라테스가 "그것이 무슨 뜻이냐"라고 물었다. 트라시마코스는 "법은 강자들이 정할 뿐만 아니라, 그들에게 이익이 되게 정하지 않습니까. 그런데 그 법은 약자들이 지키도록 한 것이고, 약자들이 이 법을 지킬 때 정의롭다고 하는 것이 아닙니까"라고 대답했다.

소크라테스는 트라시마코스의 정의가 정의의 보편적 의미를 충족시키지 못한다고 생각했다. 소크라테스가 다시 물었다. "물론 지배자들이 법을 만들 때, 그들은 항상 그들에게 이익이 되는 법을 만들려고 할 걸세. 그런데 그들은 법을 제정하는 과정에서 절대로 과오를 저지르는 경우가 없는가?" 트라시마코스는 "과오를 저지를 수 있습니다"라고 했다.

소크라테스가 다시 물었다. "그렇게 과오를 저질러 만든 경우의 법이 그들 강자에게 언제나 이익이 되겠는가?" 트라시마코스는 대답했다. "물론 법을 제정하는 과정에서 강자들이 과오를 저질러, 이익을 찾으려는 자신들의 뜻을 이루지 못하게 될 수도 있습니다." 소크라테스가 말했다. "그러하네. 그렇다면 '정의'는 강자에게 이익이 되는 경우를 가리키기도 하지만 손해가 되는 경우를 가리키기도 하는 말이 되지 않겠나?"

우리는 산파술의 전형을 플라톤의 「메논」에서 읽어볼 수 있다. 소크라테스와 노예 소년 메논 사이에서 이루어지는 이 산파술은 상대방으로 하여금 스스로 지식을 출산하도록 하는 방법이다.

산파술의 예

어느 기하학 교사가 학생들에게 삼각형의 내각의 합이 180°임을 가르치려고 한다. 그러나 이 교사는 처음부터 '삼각형의 내각의 합은 180°이다'라고 말하지 않는다.

그 대신 교사는 우선 칠판 위에 △ABC를 그릴 것이다. 그리고 학생들에게 물을 것이다. "이것은 무엇인가." 학생들은 물론 "삼각형입니다"라고 대답할 것이다. 교사는 학생들에게 C에서 변 BC를 어느 정도 길게 그어 그 끝을 D라고 하자고 한다. 학생들도 "그렇게 하자"고 할 것이다. 교사는 다시 점 C에서 AB에 평행이 되는 선을 그어보겠다고 말할 것이다. 학생들은 "그렇게 하라"고 할 것이다. 교사는 C에서 AB에 평행인 선을 어느 정도 길게 긋고, 이 선의 어느 점을 E라고 할 것이다. 물론, 이때 학생들은 평행선의 개념을 이미 알고 있어야 한다.

그 다음 교사는 학생들에게 물을 것이다. "∠ABC는 ∠ECD와 같은가, 다른가?" 만약 학생들이 동위각의 개념을 알고 있다면 그들은 분명히 "같다"고 말할 것이다. 다음에 그 교사는 같은 방법으로 "∠BAC는 ∠ACE와 같은가, 다른가?"라고 묻고, 학생들이 엇각의 개념을 알고 있다면, "같다"고 대답할 것이다. 이쯤 되면, 그리고 학생들이 눈치가 빠르다면, 무엇인가를 '알았다'는 표정을 지을지도 모른다.

그러나 교사는 계속하여 학생들에게 물을 것이다. "∠ABC와 ∠ECD가 같고, ∠BAC와 ∠ACE가 같으면, ∠ABC, ∠BCA, ∠BAC의 합은 ∠BCA, ∠ACE, ∠ECD와 같은가 다른가?" 만약 학생들이 ∠BCA가 공통이라는 점을 인식하고 동위각과 엇각이 같다는 것을 알고 있다면, 그 학생들은 위의 질문에 "같다"고 대답할 것이다. 교사는 학생들에게 다시 물을 것이다. "∠BCA와 ∠ACE와 ∠ECD의 합은 몇 도인가?" 만약 학생들이 ∠BCA와 ∠ACE와 ∠ECD는 직선 BD 위에 모이는 각이고, 직선 위의 각은 2직각이라는 것을 알고 있다면, 그들은 서슴없이 "180°"라고 대답할 것이다. 학생들은 △ABC의 내각의 합이 얼마인지를 교사가 말해주지 않아도 스스로 180°임을 알게 될 것이다.

소크라테스는 반어법과 산파술을 통해 생각의 논리를 전개해 나갔다. 그러나 이 길로 들어선 소크라테스의 여정은 차라리 곤혹스럽고 처절했다. 그도 그럴 것이, 아테네인들의 무지를 지적하는 것도 어렵지만, 그 무지한 마음들을 달래어 뒤얽힌 논리를 푸는 일은, 그리고 신들의 마음을 나누어 갖도록 하는 일은, 신탁을 받아 높은 사명의식을 가진 사람이 아니고서는 도저히 이루어낼 수 없는 것이었다. 하지만 그것은 무엇보다도 위대한 일이었다. 그것은 박학한 무지자들의 논리적 무질서를 자각시킬 뿐만 아니라, 편견과 아집과 오만으로 겹겹이 위장된 '겉 다르고 속 다른 사람들의 마음'을 씻어내는 정화淨化의 제전祭典이었으니 말이다.

▼ 구도자 소크라테스, 해리 베이트스 작으로 추정

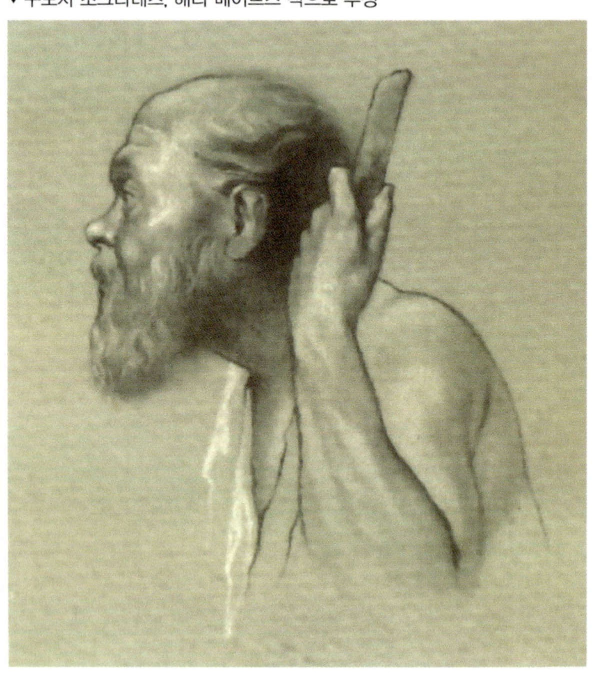

이성의 빛을 따라 대화의 마디마디를 넘을 때, 비로소 우리는 그 아름다움의 세계에 이를 수 있다고 소크라테스는 생각했다. 그에게 있어서 그 아름다운 세계란, 곧 생기지도 않고 없어지지도 않으며 늘지도 않고 줄지도 않는 세계, 어디는 아름답지만 어디는 추하다고 할 수 없는 세계, 어떤 때는 아름답지만 또 어떤 때는 추하다고 할 수 없는 세계, 이것과 비교하면 아름답지만 저것과 비교하면 추하다고 할 수 없는 세계, 어떤 사람에게는 아름답게 보이지만 다른 사람에게는 추하게 보이지도 않는 세계, 여기에서는 아름답지만 저기에서는 추한 것도 아닌 세계였다. 이 세계는 겸손하게 대화의 마디마디를 거치지 않으면 결코 이를 수 없게 된다는 것을 소크라테스는 잘 알고 있었다.

신들의 세계로 가는 사람들의 마음은 그 길을 걷는 동안 스스로 정화된다. 그 길을 따라가면 개인의 욕망과 편견과 아집이 사라지게 되니 그렇게 되지 않을 수 없을 것이다. 아닌 게 아니라, 우리는 2+3=6이라고집할 수도 없지 않은가. A가 B이고, B가 C이면, 우리는 A가 C라고 할 수밖에 없지 않은가. 여기에 개인의 욕망과 편견과 아집이 들어갈 여지가 있겠는가. 그래서 신들의 세계는 정화된 마음의 세계다. 신들을 사랑하는 사람들이 어찌 마음을 정화하지 않고 그 신들의 속성을 나누어 가질 수 있겠는가.

소크라테스가 걸은 디알렉티케의 길은 정화의 순간순간이지만, 그것은 또한 고행의 순간순간이기도 했다. 그래서 소크라테스가 디알렉티케의 길을 따라 논리의 마디마디를 이어가는 모습은 수행이 깊은 어느 구도자가 진리의 길을 걸어가는 그 고독한 모습과 다른 것이 아니었다.

07

'사랑'을
벗어난 사랑

지혜의 사랑만큼이나 이 세상에서 하기 어려운 사랑도 없을 것이다. 그것은 신들과의 사랑이어서 그렇다. 이 세상 것들과의 사랑도 어려운데, 하물며 신들과의 사랑이니 어렵지 않겠는가.

지혜의 사랑은 소피스트들이 그랬듯이 단순히 지식을 전달하거나 기술을 가르치는 것과는 근본적으로 다르다. 에로스가 그랬듯이, '지혜의 사랑' 또는 '플라토닉 러브'는 부족한 것을 나누어 가지려는 열정이니, 그런 열정을 말로나 권고로 전할 수 있겠는가. 아닌 게 아니라, 지혜의 사랑은 소크라테스가 보여준 것처럼, 이성의 빛을 따라 혼돈을 헤치고 아름다움의 사다리를 오르는 열정이니 그것은 사람들이 통상적으로 생각하는 그런 사랑은 아니었다.

지혜의 사랑은 소크라테스처럼 그 사랑의 과정에 영혼이 몰입되지 않으면 안 되는 것이었다. 이런 점에서 그는 분명 위대한 스승의 자질을 갖추었을 뿐만 아니라, 인류의 스승들 가운데 신들의 세계에 가장 가까이 다가간 스승이었다. 더욱이 그는 플라톤과 아리스토텔레스와 같이 철학에서 빛나는 별들을 탄생시켰으니, 그는 분명 성공한 스승이었다. 하지만 성공한 스승이 되는 데는 그만큼 훼살을 부리는 일들도 적지 않았다.

'성공한 스승'이 되는 일은 분명 스승 혼자만의 힘으로 되는 것이 아닐 것이다. 그것은 스승과 제자의 공생共生과 공환共歡 속에서나 이루어질 수 있는 일일 것이다. 스승과 제자 사이의 공생과 공환을 가장 흥미롭게 표현한 말이 있다. 「벽암록碧巖錄」에 나오는 '줄탁동시啐啄同時'다.

'줄탁동시'는 새끼 새가 알에서 깨어 나올 때 안에서 껍질을 쪼면, 이것을 어미 새가 알아차리고 밖에서 동시에 그 껍질을 쪼아 새끼 새가 밖으로 나오도록 도와준다는 뜻을 갖는 말다. 이 4자성어는 생명이 알에서 깨어날 때 이루어지는 신비를 가리키는 말이지만, 그것은 또한 스승과 제자 사이에 이루어지는 공생과 공환을 일컫는 비유어로도 제격이다.

그런데 과연 소크라테스는 성공한 스승인가 아닌가. 모든 물음이 그렇듯이, 이 물음의 답에도 긍정적인 것과 부정적인 것이 교차한다. 소크라테스를 '실패한 스승'이라고 말하기에는 어울리지 않음에도 불구하고 말이다. 물론, 많은 사람들이 긍정적인 답을 할 것이다. 그 이유로 그들은 소크라테스가 플라톤과 같은 훌륭한 제자들을 길러냈다고 말할 것이다. 이에 비하여 부정적인 답을 선택하는 사람들은 그가 스승과 조국은 물론 신들의 세계까지 철저히 배반한 제자들을 길러냈다는 점을 들을 것이다. 알키비아데스와 크리티아스가 그의 그런 제자들이었다.

그런데 제자들이 스승과 조국과 신들을 배신했다고 말할 정도라면, 거기에는 스승과 조국이 그들에게 건 기대도 그만큼 컸을 것이다. 사실,

역사에서 알키비아데스의 경우만큼 복잡하게 스승과 제자 사이의 관계가 애증으로 뒤얽힌 사례를 찾는 일도 쉽지는 않을 것이다. 그런 사례를 플라톤은 「향연」의 끝자락에 실감나는 필치로 스케치 했다.

아가톤이 베푼 잔치가 무르익어갈 때, 술에 취해 도착한 알키비아데스가 소크라테스에게 주정을 부렸다. 알키비아데스가 소크라테스를 향해 늘어놓은 푸념은 스승을 무안케 했다. "어이구, 이거 웬일이십니까? 소크라테스께서 여기 계시다니. 선생님은 또 이런 데서 저를 기다리고 계시는군요. 하기야 결코 예상치 못한 곳에 언제나 갑자기 나타나시는 것은 어제 오늘의 일이 아니지 않습니까." 알키비아데스가 이렇게 스승 소크라테스를 놀려대는 광경도 우스꽝스럽지만, 이런 난처한 경우를 피하기 위해 소크라테스가 아가톤에게 좀 도와달라고 간청하는 어색한 모습도 재미있게 묘사되었다.

이런 가운데 에릭시마코스가 끼어들어 알키비아데스와 이런저런 말씨름을 하기 시작했다. 우여곡절을 겪은 뒤 에릭시마코스가 알키비아데스에게 소크라테스에 대한 찬사를 한마디 부탁하자, 이들 사이의 말씨름도 우선은 일단락되었다.

소크라테스에 대한 알키비아데스의 칭찬이 시작되었다. 그런데 알키비아데스는 소크라테스를 칭찬하기보다 오히려 그의 괴벽을 폭로하는 쪽으로 기울었다.

알키비아데스는 소크라테스가 우스꽝스러운 실레노스 신을 닮아서 코는 넓적하고 대머리며, 언제나 술에 취한 노인 같다고 흉을 보았다. 그렇지만 영감에 찬 예언자 같아서 겉차림은 허름하나 속은 지혜로 가득 차 있다고도 했다. 또 마르쉬아스 신을 닮아서 반은 사람이고 반은 양이며 여색을 좋아하는 성질도 가지고 있다고 했다. 그는 또 스승을

알키비아데스

가리켜 짓궂은 사람이라고도 했다. 그러면서 소크라테스가 이런 사실을 부인한다면 지체치 않고 증인을 데려다 대겠다고 놀려대기도 했다.

소크라테스에 대한 알키비아데스의 투정에는 질투와 선망이 뒤섞여 있었다. 그의 투정은 계속되었다. 소크라테스가 일단 입을 열었다 하면, 사람들은 모두 놀라며 넋을 잃고 만다고 했다. 또 그의 말을 듣고 있으면 자신의 심장은 어떤 광신자의 것보다도 훨씬 더 심하게 뛰고 눈물이 흘러나온다고 했다. 페리클레스나 그 밖의 훌륭한 웅변가의 연설을 들을 때 그들이 말을 잘한다고 생각했지만, 소크라테스의 말을 들으면 그런 생각이 일시에 사라지고 만다고 했다. 웅변가들이 말을 잘한다고는 하지만 그들로부터는 소크라테스에게서처럼 심혼이 흔들린 적도, 노예의 처지에 놓인 것처럼 처참한 상태가 되어 화가 난 적도 없었다고 했다. 그런데 이상하게도 소크라테스가 일단 말을 시작하면, 그때마다 몇 번이든지 마음이 흔들려 사는 보람까지 찾기 힘들 정도로 열등감에 빠진다고 했다. 그래서 결국 노래로 뇌세포를 녹여내는 바다의 요정 세이렌으로부터 달아나듯, 자신도 귀를 막고 소크라테스로부터 도망친다고 했다. 소크라테스의 옆에 앉아 그의 연설을 듣다간 뇌세포가 늙어버릴까 염려되기 때문이라는 것이었다.

알키비아데스는 소크라테스에게는 부끄러움을 감출 수 없다고 했다. 그래서 소크라테스로부터 빠져나와 도망치지만, 다시 만나면 또 부끄러워진다고 했다. 소크라테스는 아름다운 사람들을 만나기에 바쁘고, 그들에게 반하길 잘하며, 넋을 잃는다고도 했다.

알키비아데스의 투정은 끊이지 않았다. 소크라테스는 한 번 생각이 트이기 시작하면 아름다운 사람이 옆에 있어도 전혀 모르는 체할 뿐 아니라, 오히려 믿기 어려울 만큼 업신여긴다고 했다. 부자들에 대해서도,

행복해 하는 사람들에 대해서도, 관심을 두지 않는다는 것이었다. 그런 것은 별 가치가 없다고 여기기 때문이라고 했다. 그는 아무것도 모르는 체하면서 늘 사람들에게 농담을 건다고 했다. 그런 그가 한번 속을 열어 보이면, 그는 매우 신적이며 황금과 같은 고귀하고 아름다운 것들을 무진장 드러내 보인다고 했다.

그뿐 아니었다. 알키비아데스는 소크라테스가 범상치 않은 영혼을 한번 붙잡기만 하면, 독사보다도 지독하게 그 영혼을 물고 놓아주지 않는다고 했다. 그러면서 그 자신도 가장 아픈 데를 물렸다고 했다. 그는 스승의 사랑을 얻기 위해 애걸하다시피 했다고 했다. 어느 때는 자기의 젊은 몸매로 그를 유혹하기도 했으나 실패했다고 했다. 그때였다. 알키비아데스의 투정을 묵묵히 참으면서 듣고 있던 소크라테스가 더 이상 인내심을 발휘할 수 없었던지 알키비아데스에게 이렇게 말했다.

사랑하는 알키비아데스여, 자네는 분명 보통 사람은 아닌 모양일세. 나에 대한 자네의 칭찬은 그럴듯하네. 그런데 자네가 기대한 대로 내가 자네를 보다 훌륭한 사람으로 만들 수 있다고 가정해 보세. 그러면 자네는 마땅히 내가 공유하고 있는 아름다움을 먼저 발견해야 할 걸세. 안 그렇겠나. 자네의 외모와는 비교할 수 없는 그 아름다움을 말일세. 그런데 만약 이것을 자네가 나에게서 볼 수 있는데도 불구하고, 또한 우리가 가지고 있는 각자의 아름다움을 비교도 하지 않고 서로 바꾸어 가지려고 한다면, 그것은 자네가 나로부터 얼토당토않을 만큼 훨씬 나은 이익을 보게 되는 셈일세. 왠지 알겠나? 자네는 아름다움의 겉모양을 주고 그 대신 속모양의 참된 아름다움을 얻으려고 하는 꼴이니 말일세. 다른 말로 표현하면, 그런 경우는 마치 구리를 주고 금을 얻으려는 것이 아니겠나?

그것은 그렇고, 나는 자네가 좀 더 깊이 생각해 보길 바라네. 그러지 않으

소크라테스의 일갈이었다. 육신의 아름다움으로 영혼의 아름다움을
사려는 '거래'를 하지 말라는 것이었다. 알키비아데스는 잠시 두 가지의
다른 아름다움, 즉 육신의 아름다움과 영혼의 아름다움을 혼동했던 것
이다. 스승과 제자 사이의 거리는 항상 그렇게 멀었다. 제자 된 자의 투
정이 왠지 안타깝기만 하다.

알키비아데스는 소크라테스를 칭찬하는 가운데 스승의 괴벽을 다시
폭로하기 시작했다. 스승의 꾸짖음은 항상 이만저만한 모욕이 아니었
다는 것이다. 스승의 절제력과 용기는 그 누구도 흉내 낼 수 없다고 했
다. 금전에 대한 애착을 그가 얼마나 단호하게 끊어버리는지, 그런 문제
로부터는 칼을 피하듯 멀리했고, 트로이 전쟁의 장군 아이아스가 입었
던 일곱 겹의 가죽으로 된 방패를 두른 듯, 피해를 입은 적이 없다고 했
다. 그는 정말로 청렴결백하여 그런 문제에서는 만세의 불사신不死身이
라고 했다.

알키비아데스는 포티다이아 전투에서 목격한 소크라테스의 참을성
이 얼마나 대단한 것이었는지도 말했다. 음주량도 대단하지만 취한 것
을 본 적이 없다고 했다. 추위를 참는 것도 대단해서, 항상 걸치고 다니
는 해진 토가를 입고 추운 겨울을 지내며, 얼음 위도 맨발로 다닌다고
했다. 무엇인가 생각에 빠지면 아침 일찍부터 한없이 한 곳에 서 있어
서, 사람들이 그를 흉봤다고도 했다. 이 일은 크게 소문이 나서, 아테네

에는 이 사실을 모르는 사람이 없다고 했다. 그는 생각이 풀리지 않으면 해가 져도 움직일 줄을 모른다고 했다. 그래서 사람들은 그가 과연 밤새도록 서 있는지를 보려고 했고, 그는 정말 밤이 지나고 다시 해가 뜰 때까지 그대로 서 있다가 떠오른 태양을 향해 기도를 한 다음 자리를 뜬 적도 있었다고 했다.

알키비아데스는 이 세상에서 소크라테스에 비교될 수 있는 사람을 찾는 것은 불가능하다고 했다. 사람됨에 있어서나 말 재주에 있어서, 그리고 겸손함에 있어서, 그에 비교될 만한 사람이 어디 있겠느냐는 것이었다. 소크라테스의 말을 처음 듣는 사람에게는 그의 말이 어느 촌뜨기의 것처럼 들릴지도 모른다고 했다. 그러나 그의 말을 경청하고 있노라면, 아무도 그의 논리에 이끌려 들어가지 않을 사람이 없을 만큼, 그의 말은 이지理智로 가득 차 있고 신적이며 수많은 덕으로 가득 차 있다고 했다. 훌륭하게 되려는 사람들치고 그의 말에 귀를 기울이지 않을 사람이 어디 있겠느냐고도 했다. 알키비아데스가 푸념과 질투와 칭찬을 섞어가면서 소크라테스에 대하여 이런 말을 늘어놓자, 듣고 있던 사람들로부터 폭소가 터져 나왔다.

알키비아데스는 자주 이런 고백을 했다. 소크라테스 앞에서는 모르는 것이 없는 것 같고, 못할 일이 없는 것처럼 자신감으로 가득 차는데, 그의 앞을 떠나면 모든 것이 회의적이고 자신감이 없어진다고 말이다. 스승의 정신적 높이에 오르지 못하는 제자의 좌절감과 열등의식이었다.

좌절감과 열등의식을 가슴에 묻은 채, 알키비아데스는 스승 앞에 푸념을 늘어놓는 엉뚱한 모습을 자주 보였다. 그만큼 그는 스승을 연모했고 그로부터 사랑도 받았다. 그가 스승으로부터 받은 사랑은 당시 유행했던 파이데라스티아paiderastia, 즉 소년애의 일종이었을지도 모른다.

고대 그리스에서는 훌륭한 자질의 소유자가 자신의 자질을 이어받을 사람을 구하는 것은 드문 일이 아니었다. 오늘날 부모들이 자식들에게 거는 기대나, 자신이 못다 이룬 소망을 자식을 통해서 이루려는 것도 이와 다르지 않은 심리적 기제가 아닌가 싶다. 소년애가 겉으로 드러나는 모습이 어떻든 그것은 틀림없이 능력 있는 사람이 이 능력을 이어받아 후대에 전파할 사람을 찾는 사랑의 한 유형이었을 것이다.

소년애에서 소년들에게 사랑을 베푸는 사람은 항상 그 소년들의 동일시同一視의 대상이었다. 그리고 사랑을 받는 소년들은 사랑을 베푸는 사람에게 부끄럽지 않은 인물이 되기 위해 최선의 노력을 기울였다. 그 결과 소년애는 혈육으로 맺어진 부자의 사랑보다 훨씬 더 밀접하며 더욱 고결한 공생conviviality의 관계를 유지하기도 했다.

물론, 훌륭한 자질을 가진 사람은 그 스스로의 힘만으로도 영원한 존재로 남아 있을 수 있다. 역사에는 후계자가 없는 스승도 많다. 하지만 많은 사람들은 마치 소크라테스가 그랬던 것처럼, 자신들을 스승으로 섬길 제자들을 뒤에 남겨 놓음으로써, 자신들의 정신적 자산을 영원히 사라지지 않게 하려고 했다. 고대 그리스에서 파이데라스티아는 이런 뜻에서 한때 유행했던 것으로 보인다. 스타이너Steiner가 「스승들의 가르침Lessons of the Masters」에서 그렇게 추측했듯, 소크라테스는 아폴론과 나눈 신적 아름다움과 지혜를 파이데라스티아를 통해서 제자 알키비아데스에게 전하려고 했을 것이다.

플라톤은 알키비아데스와 소크라테스 사이의 사랑의 관계를 「프로타고라스」의 첫 부분에도 그려 놓았다. 거기에 소크라테스의 친구가 소크라테스에게 '어딜 갔다가 오느냐'면서 놀려대는 장면이 있다. 하루 종일 알키비아데스를 찾아다니다가 이제서 돌아오는 길이 아니냐는 투였

다. 그런 장면은 「고르기아스」에도 있다. 거기에서 소크라테스는 '철학
은 물론이지만 알키비아데스도 사랑한다'고 고백한다.

　이렇게 되면 알키비아데스에 대한 소크라테스의 사랑을 단순히 파

이데라스티아의 한 특수한 모형으로 좁히는 것은 잘못일지도 모른다. 왜냐하면, 그가 알키비아데스를 가까이 한 데에는 그럴 만한 이유가 또 있었던 것으로 보이기 때문이다.

소크라테스는 아테네가 정치적 혼돈 속으로 빠져 들어가는 것을 방관하고 있을 수만은 없었다. 그는 정치가들의 무지와 비도덕성과 무능력을 누구보다도 잘 알고 그것을 혐오한 사람이었다. 그는 정치적 출세를 목적으로 하는 왜곡된 교육과, 이에 종사하는 소피스트들의 교육관에도 문제를 제기하고 나선 사람이었다. 그는 아고라에 나가 '너 자신을 알라'라는 슬로건을 내걸고, 그 속에 감추어진 아폴론의 비의를 구현하는 데 모든 열정을 쏟아낸 사람이었다. 그는 교육을 통하여 혼탁한 아테네 사회를 다시 일으켜 세우려는 사람이었다. 그의 가르침은 항상 선의 의미를 추구하는 데 목적을 두었다. 그는 이런 일이 정치적 활동을 통해서 보다 효과적으로 달성될 수 있다고 믿었고, 이 정치적 활동에 내세울 사람으로 알키비아데스를 선택해 두었던 것으로 보인다.

그도 그럴 것이, 알키비아데스는 귀족 출신이었다. 그는 재산이 많았고 정치가였으며 전쟁터에서는 장군이었다. 그의 생김새도 뛰어나 국민들로부터 인기를 끌기에 충분했다. 「프로타고라스」에서도 알키비아데스는 내로라하는 지성인들의 모임에 자주 참여하는 사람으로 묘사되어 있다. 그는 머리를 길게 늘인 채, 자주색 토가를 걸치고 광장에서 열변을 토하는 젊은 기백을 가진 정계의 '리더'로 온 아테네인들에게 각인되어 있었다. 뿐만 아니었다. 그는 가장 훌륭한 스승을 가진 사람이었고, 페리클레스와 같은 후견인이 있을 만큼 튼튼한 정치적 배경을 가진 사람이었으며, 좋다는 것은 모두 소유한 사람이었고, 잘생긴 외모만큼 웅변술도 뛰어났으며, 소피스트들에게서 얻은 수사법이 받쳐주는 언변과 아름다운 목소리까지 가지고 있는 사람이었다. 아닌 게 아니라, 후대에 라파엘로가 「아테네학당」에 올려놓은 54명의 철학자, 천문학자, 예술가, 정치가 집단에 알키비아데스를 포함시킨 것도 우연이 아니었을 것이다. 게다가 그에게 아주 멋있는 투구와 갑옷을 입혀서까지 말이다.

알키비아데스의 지적 열정도 소크라테스가 보기에 결코 실망스러운 수준이 아니었다. 알키비아데스가 스승의 지혜와 덕 앞에 좌절감과 열등의식을 느끼고, 이를 가지고 투덜댄 것도, 그만큼 그의 지적 열정이 높았기 때문이었을 것이다.

스승과 조국과 신들에 대한 배반

알키비아데스는 과두파 정권의 선두에 서서 참주정치체제를 주도했다. 그는 제우스 신의 후예라고 자처하는 가문 출신이었다. 이런 배경에서 그는 일반 대중과는 섞이지 않는 생활을 했다. 귀족이라는 자만심 때문이었을 것이다. 그는 전쟁에 참여하여 명성을 높이는 장군이면서, 정치판에서는 정권의 핵심 인물로서 통치자 행세도 했다. 그는 27년 동안이나 지속된 아테네와 스파르타 전쟁에 참전한 인물이었고, 스파르타 동맹국인 시실리 원정에 앞장서기도 했다.

그러나 알키비아데스의 행보는 아테네 시민들을 몹시도 불안하게 했다. 아테네 시민들은 그가 폭력을 휘두르지나 않을까 염려했다. 그는 소크라테스에게는 물론이지만, 다른 사람들에게도 매우 대범하고 야심이 큰 인물로 보였다. 그는 아테네를 지키기 위해 아테네에서 피라에우스까지 35km나 되는 장성을 축조하는 데 앞장섰다. 이 장성은 불행하게도 완성이 된 뒤, 불과 몇 주도 안 되어 스파르타의 공격으로 파괴되고 말았다. 이런 일 저런 일로 그는 시민들로부터 불안스러운 인물로 비쳐지기 일쑤였다.

알키비아데스에게는 니키아스라는 정적이 있었다. 그가 이 정적과 적대관계를 가지는 동안 아테네가 균형을 잃고 흔들렸으며, 결국 국력을 잃게 되었다고 시민들은 생각했다. 게다가 시민들에게는 니키아스가 오히려 신중론자로 보였고, 이에 비하여 알키비아데스는 과격론자로 인식되었으니, 알키비아데스에 대한 시민들의 우려는 더욱 커질 수밖에 없었다. 이 두 사람들은 고대 아테네의 역사에 등장하는 전형적인 두 정치적 라이벌이었다.

아테네를 위한 알키비아데스의 열정은 대단했지만, 그 열정을 의심 없이 그대로 받아들이는 시민들은 많지 않았다. 시민들은 그의 열정이 개인의 야심을 위한 것이라고 생각했다. 그 열정에 선함이 결여되었기 때문이었을 것이다. 결국 알키비아데스는 참주정치의 선두 주자라는 점, 시실리 원정이 성공적이지 못했다는 점, 그리고 기원전 415년 5월 25일로 추정되는 날 밤, 300명으로 추산되는 폭도들이 아테네의 길거리에 세워놓은 헤르메스 주상柱像들을 파괴한 사건의 조종자라는 점에서 시민들로부터 정치적 신뢰를 얻는 데 실패했다.

고대 올림포스 12신 가운데 하나인 헤르메스의 주상에서 머리 부분들이 사라진 사건은, 그것이 알키비아데스에 의해서 계획된 것이었든 아니었든, 그에게 정치적 치명상을 입히지 않을 수 없었다. 지금도 아테네의 아고라나 그 밖의 곳에 가면 두부가 잘려나간 헤르메스 석상을 볼 수 있다. 사건이 벌어진 그날 밤에 저지른 신성모독의 흔적들이다.

헤르메스 주상에 대한 신성모독은 아테네 시민들의 정신을 뒤흔들어
놓았다. 그러나 이 일 말고도 두 가지 또 다른 사건들이 소문으로 떠돌
기 시작했다. 한 가지 사건은 헤르메스 주상 파괴가 또 있었다는 것이
다. 그리고 그것은 어느 심포지엄이 끝난 뒤, 술에 취한 사람들이 새벽
까지 고성을 지르고 다니면서 성상들을 파괴했고, 아테네 골목길을 무
법천지로 만들었다는 것이었다.

다른 한 가지 사건은 엘레우시스 제전을 개인 집에서 자행했다는 것
이었다. 이 제전은 개인 집에서는 치를 수 없는 것이었다. '엘레우시스
밀의密儀'라고도 불리는 이 의식은 성년식과 같이 청소년들을 책임 의
식을 고취시기는 집단에 가입시키는 의식으로서, 그 과정이 공개될 수
없는 것이었다. 그런데 이 사건에 알키비아데스가 깊숙이 연루되어 있
다는 음모설이 나돌았다. 이 일에는 비록 소수지만 소크라테스의 제자
들이 포함되었고, 이는 후일 아테네의 청소년들을 타락시켰다는 죄목
이 되어 소크라테스가 독배를 마시게 되는 일로 연결되었다.

알키비아데스가 뒤집어 쓴 신성모독죄는 그가 민주파를 타파하고 혁

명을 일으키려 한다는 정치적 음모설로 발전되었다. 알키비아데스는 이를 막을 방안을 찾지 못했다. 무고한 사람들이 이 일로 체포되었고, 범법자로 의심을 받아 투옥되었다. 이 일로 과두파는 정치적 손상을 크게 입었고, 민주파는 정치적으로 승리하는 계기를 맞았다.

알키비아데스에 대한 음모설이 무성하던 몇 주 뒤, 그는 라이벌인 니키아스와 함께 시실리 원정에 나섰다. 그런 가운데 아테네 법정은 알키비아데스를 헤르메스 주상 파괴의 용의자로 소환하려 했고, 이 소문을 들은 알키비아데스는 원정 도중에 적국 스파르타로 망명했다. 알키비아데스 재판은 그가 소환되지 않은 채 진행되었고, 그에게 최고의 형벌이 내려졌다. 당시의 재판은 '민주주의'라는 이름으로 진행되었지만, 그 광경은 실로 유치했다. 6천 명의 군중들이 모여 그리스어로 '오스트라카ostraka'라 불리는 도편陶片에 사형이나 추방시킬 사람의 이름을 새기는 재판이었다. 일종의 인민재판이었다. 그때 사용된 도편들이 아직도 여기저기에서 발굴된다. 물론 'Alkibiades'라는 이름이 지워지지 않은 채다.

기원전 415~413까지 2년 동안 극형을 피해 적국 스파르타에 머물면서, 알키비아데스는 스파르타의 최고 전략가가 되어, 거꾸로 조국 아테네를 궁지로 몰아넣었다. 아테네의 정치가였고 장군이었던 그는 아테네의 군사 전략에 관해 모르는 것이 없었으니, 스파르타가 아테네를 멸망시키는 전략을 짜는 데 그보다 더 능한 사람을 찾기도 힘들었을 것이다. 스파르타가 그 전투에서 승리하는 것은 당연한 결과였다.

그러나 알키비아데스는 망명지 적국에서 또 다른 적을 만들어 놓았다. 스파르타의 왕 아기스 2세가 원정을 나가 왕궁을 비우고 있는 동안, 알키비아데스와 왕비 티마에아 사이의 염문이 떠돌았다. 스파르타

▲ 알키비아데스의 이름이 새겨 있는 도편

에 지진이 일던 날 밤, 알키비아데스가 왕궁에서 빠져나오는 것을 시민들이 목격했다는 것이다. 알키비아데스가 티마에아를 유혹했다는 이야기, 이 유혹이 성사되어 티마에아가 장차 스파르타의 왕자가 될 아이를 잉태했다는 이야기, 티마에아조차 이를 부인하지 않았다는 이야기가 날개를 달고 스파르타 전역에 날아다녔다. 아닌 게 아니라, 그 뒤 왕자가 탄생했고, 그 이름은 레오티키다스였다. 그러나 티마에아가 친구들과 궁녀들에게 귀엣말로 전해준 그 아이의 이름은 놀랍게도 '알키비아데스'였다 한다. 이런 상황에서조차 티마에아 왕비는 알키비아데스에 대한 사랑을 놓지 않았던 모양이다.

역사 속에는 참으로 상상하기 어려운 희귀한 사랑의 이야기들이 곳곳에 숨어 있다. 알키비아데스와 티마에아 사이의 사랑도 그렇게 상상하기 어려운 비화 가운데 하나였다. 하지만 이런 유類의 사랑 이야기는 스승이 평생을 통하여 보여준 사랑과는 격조를 달리했다. 스승과 제자 사이에는 사랑조차 어처구니없을 정도로 그렇게 큰 차이를 보이는가 보다. 하여튼 이 일로 알키비아데스는 스파르타에서 다시 재판을 받게 되었고, 그는 이 재판을 피하여 이번에는 페르시아로 망명했다.

그가 저지른 일의 진의가 무엇인지는 확인하기 어렵다. 하지만 그는 오나가나 좋지 않은 소문만 일으키고 다녔다. 그리고 그것은 자신은 물론, 조국 아테네와 그를 사랑한 스승 소크라테스에게 이만저만한 배신행위가 아니었다.

「소크라테스는 왜 죽었는가」를 쓴 역사가 워터필드Waterfield는 알키비아데스의 행각에 대하여 자신의 시각을 곤추세웠다. '알키비아데스와 스파르타의 왕비 사이에 생겨난 아들은 정욕의 소산이라기보다, 장차 스파르타의 왕통을 아테네인의 혈육으로 이으려는 전략의 소산'이라고 말이다. 하지만 스캔들에 대한 해석치고는 지나칠 정도로 야유적이다. 그 스캔들은 스파르타의 다음 왕위를 알키비아데스가 자신의 아들이 이어받게 함으로써 스파르타를 결국 자기의 손아귀에 넣으려는 야망 때문에 저질러진 것이라는 뜻이니 말이다. 야유가 섞인 이 심판이 알키비아데스의 어두운 심장 속에 도사리고 있던 전략적 야망을 제대로 꿰뚫어본 결과였다면, 그것은 야망치고는 희한한 망상이었고, 전략치고는 비겁하기 짝이 없는 것이었다.

알키비아데스의 이 스캔들에 내포된 동기가 정말로 한 역사가의 눈에 비친 그대로였다면, 그것은 인간의 간계가 악의 축軸 어디까지 침투해 들어갈 수 있는지를 보여주는 극한의 사례일 것이다. 적국에 들어가 생명을 부지하기도 힘든 판에 비겁한 망상에 빠져 자신의 혈육으로 적국의 왕통을 장악하려 했다니, 그것은 일종의 정신착란인지, 아니면 야심에 불타는 조국애인지 가릴 길이 없다. 하지만 이것조차 참인지 거짓인지 판단키 어려우니, 이 일의 진의를 아는 자는 역사가도 아니고 신도 아닐 것이다. 그것은 오직 알키비아데스 그 자신뿐이 아니었겠는가 싶다.

그런데 알키비아데스가 적국을 혈통으로 지배하려고 했다는 말이 누군가에 의해서 지어낸 것이었다 할지라도, 한 가지 확실한 것은 알키비아데스의 아들로 추정되는 레오티키다스가 그 뒤 스파르타 왕위 계승권을 박탈당했다는 역사적 사실이다. 이 사실에 또 한 가지 덧붙여야 할 것이 있다. 그것은 이 에피소드가 아무리 지어낸 이야기라 할지라도, 그런 말이 스캔들이 되어 세상에 떠돌아다녔다는 것은 그만큼 알키비아데스의 권력욕이 말년에 자를 수 없이 높아져만 갔었다는 사실이다.

페르시아에 망명한 알키비아데스는 그곳에서도 조용히 지내지 못했다. 그는 페르시아와 스파르타의 동맹을 주선함으로써 조국 아테네를 또 다시 궁지에 몰아넣었다. 그랬는가 하면, 그는 그 뒤 얼마 안 되어 다시 아테네의 일부 세력과 합류했다. 스파르타의 전략 전술을 훤히 꿰뚫고 있던 그로서 이번에는 조국 아테네가 해전에서 승리하도록 돕는 데 최적격이었다. 당연히 아테네는 해전에서 승리를 거뒀다. 이 승리로 알키비아데스는 제해권을 아테네에 돌려주었다. 기원전 407년 초였다. 그는 이 일로 영웅이 되어 조국 아테네로 돌아왔다. 시민들은 돌아온 알키비아데스의 머리에 금관을 씌웠고, 정부는 몰수했던 그의 재산을 다시 돌려주었다. 알키비아데스는 아테네의 군사력을 총지휘하는 장군이 되었고, 그를 처형하려 했던 아테네를 다시 끌어안았다. 그는 불안하고 복잡한 아테네 역사를 더욱 불안하고 복잡하게 만드는 주역이었다.

그러나 폭력을 일삼은 참주정치의 주동인물이라는 알키비아데스에 대한 불신의 검은 구름은 여전히 그의 명운을 두텁게 가리고 있었다. 스파르타와의 전쟁도 다시 패배의 징조를 더해갔다. 알키비아데스 자신도 전쟁에 나갈 만한 힘을 얻기 어려웠다. 그가 방탕한 생활을 하는데 시간을 보낸다는 소문이 정적들에 의해 다시 퍼지기 시작했다. 그가 진실로 그랬는지, 아니면 원래 없는 사실도 있는 것으로 꾸며 정적을 매장하는 정치적 음모 때문이

▲ 야망의 넋, 알키비아데스

었는지 알 길이 없다. 소문은 예나 지금이나 그렇게 사용되기 일쑤였다. 하여튼 아테네의 민심은, 그에 대한 소문의 진위 여부를 떠나, 그를 다시 버리지 않을 수 없는 상황으로 기묘하게 작용하고 있었다.

빗나간 사랑의 귀착점

　기원전 404년 4월, 아테네 해군이 스파르타에 패했다. 이것으로 길고 길었던 아테네와 스파르타의 전쟁은 끝났다. 전쟁이란 것이 항상 그런 것인지는 모르겠다. 아테네가 패배한 날, 아테네인들은 오히려 그들에게 자유가 찾아왔다고 했다니 말이다. 알 것도 같고 모를 것도 같은 이야기다. 전쟁을 일삼아 자신들의 권력을 유지하는 것은 정치인들의 것

이고, 전쟁터에 나가 싸우고 생명을 바치는 것은 국민의 몫이 아니냐는 것이다. 역사에서 전쟁은 국민이 원하든 그러지 아니 하든 정치꾼들의 한 수단이 되어왔던 것이 사실이었다. 아테네와 스파르타의 전쟁을 보면, 이 말은 분명히 역사적 진리로 적어 두어야 할 사항인 것 같다.

아테네가 전쟁에 패한 뒤 얼마 안 되어, 과두파에 속해 있던 사람들이 고발당하기 시작했다. 물론 그 고발장에 알키비아데스의 이름이 없을 리 없었다. 알키비아데스는 명예를 회복하기 위해 다시 계략을 꾸몄고, 이를 달성하기 위해 페르시아의 지원을 얻으려고 페르시아 국왕 아르타케르케스 2세를 찾아가는 도중, 그를 쫓던 자객에 의해 프리지아에서 암살당했다.

알키비아데스가 죽은 뒤, 아테네인들은 알키비아데스를 가리켜 아테네를 시끄럽고 불안하게 만든 장본인이며, 불행하게도 아테네의 미래를 어둡게 만든 사람이라는 평(評)을 그의 죽음 위에 올려놓았다. 아테네인들은 아테네가 스파르타에 패배한 원인도, 하루도 평온하지 못했던 내란도, 대부분 알키비아데스와 관련되어 있다고 생각했다. 사실, 그의 사생활은 물론, 정치적 야망이 도를 넘었던 것으로 보인다. 이를 두고 사람들은 '알키비아데스 증후군'이라는 이름까지 지어냈을 정도였다니, 그런 그가 과연 신과 가장 가까운 인간 소크라테스의 제자였는지, 쉽사리 판단이 서지 않는다.

아테네에서 일어난 정치적, 군사적 소요의 책임이 알키비아데스에게 지워졌고, 아테네가 스파르타에 패한 원인도 그에게 돌아간 냉혹한 역사적 사실이니, 그에 대한 아테네인들의 부정적 평가를 긍정적인 쪽으로 돌려놓을 길이 없다. 「아테네 제국의 멸망」에서 케이건Kagan 교수 또한 아테네의 멸망에 대한 일단의 책임을 알키비아데스에게 돌리면서 그를 '희대稀代의 변절자'라고 썼다.

역사가 워터필드는 알키비아데스에 대해 또 뭐라고 썼을까. 그는 영국인이지만 고대 아테네의 역사를 가장 가까운 곳에서 관찰하기 위해 그리스의 남단 해안가에 가서 홀로 살고 있다. 그런 그의 눈에 아테네의 풍운아 알키비아데스의 이미지는 어떻게 비쳐졌을까. 그는 수많은 문헌들의 이 구석 저 구석뿐만 아니라, 아테네 시의 역사적 흔적도 수없이 뒤졌을 것이다. 그리고 소크라테스에 관련된 평전들을 쓰면서 소크라테스와 그 제자 알키비아데스 사이의 이모저모를 섬세하게 더듬어 보았을 것이다. 그 결과 그는 「소크라테스는 왜 죽었는가」에서 알키비아데스의 이미지를 이렇게 덧칠했다.

> 그는 재능이 뛰어나며, 외모가 눈부실 정도로 준수했다. 그러나 스승 소크라테스에게는 물론이고, 그 밖의 사람들에게도 무절제한 인간으로 비쳐졌고, 지조가 없으며, 탐욕으로 가득 차 있고, 늘 자기애에 빠져 있는 사람으로 인식되었다.

워터필드가 그려낸 알키비아데스의 이미지는 희극작가 아리스토파네스가 그려낸 것과도 차이가 없어 보인다. 아리스토파네스에 의하면, 아테네인들에게 알키비아데스는 애증이 교차하는 인물이었다. 아테네인들은 한편으로는 알키비아데스를 자기들의 곁에 두고 싶어 하면서, 다른 한편으로는 그런 사자새끼는 아테네에서 기르지 않았어야 했다고 후회했다는 것이다. 여기에 덧붙여 아리스토파네스는 알키비아데스가 그런 반역 행위를 하기에 앞서 그 스스로 마음을 잘 다스렸어야 했다는 동정어린 충고도 잊지 않았다.

결국 스승과 조국에 대한 알키비아데스의 사랑은 열정으로만 가득
차 있었던 것으로 보인다. 그는 '사랑'에 관한 잘못된 개념을 가지고 있
었던 사람이었다. 그는 '사랑'에 아름다움과 선함이 포함되어야 한다는
점을 깨우치지 못했던 사람이었다. 지금 이 시대에도 정치인들이 자주
국헌을 짓밟는 짓을 자행하듯이, 그는 자신의 조국 아테네의 국시, '아
름답고 선한 것 kalos kai agathos'을 무색하게도 짓밟아버렸던 것이다.

스승과 조국은 물론, 알키비아데스 자신에 대하여 스스로 저지른 그
철저한 배반에 미움이 가는 것은 어쩔 수 없다. 하지만 알키비아데스
를 생각할 때마다 우리의 가슴이 먹먹해지는 것은 아마도 그에 대한 증
오보다 애처로움이 더 크기 때문은 아닐는지 모르겠다. 무엇인가를 한
없이 찾아 헤매다가 나락에 빠진 한 영혼에게 동정이 멈추지 않는 것은
뿌리칠 수 없는 인간의 정리 때문이 아닌가 한다. 인간에 대한 인간의
판단이 원래 그렇게 속절없고 부질없는 것이라는 뜻일 게다.

신들이 인간으로 돌아오는 길에도 하릴없이 이런 어려움이 막아서는
가 보다. 알키비아데스가 죽은 지 수 백 년이 흘러간 뒤, 로마의 황제 하
드리아누스가 알키비아데스가 죽은 장소를 찾아와 그의 죽음을 되새
기는 의식을 집전했다 한다. 그런데 이것으로 그의 부서진 이미지가 가
까스로 보상을 받았다 하면, 야망으로 가득 찼던 그의 넋이 그것으로는
부족하다 하지 않을런지 모르겠다.

08
신의 길을
가로막은 권력

소크라테스의 명예를 훼손한 사람은 알키비아데스 한 사람이 아니었다. 알키비아데스 못지않게 아테네에 잘못된 사랑의 모델을 남겨 놓은 사람, 그래서 스승 소크라테스의 명예에 치명적인 흠집을 낸 사람을 또 하나 든다면, 그는 크리티아스Critias다.

알키비아데스처럼 크리티아스도 아테네 출신이며 귀족이었다. 그는 필력에 있어서도 좋은 평판을 얻었을 뿐만 아니라, 준수한 철학자로도 인정을 받았다. 그는 박학한 사람이었고 다방면에 재능이 있는 작가였다. 강연문은 물론이고 정치문제에 관한 논설문도 보통 수준이 아니었다. 즉흥시는 물론, 비극도 잘 지어냈다. 경연장에서 크세노폰 유형의 문학작품도 여러 차례 발표했다. 그런데 그의 작품 가운데는 스파르타를 찬양하는 것들도 있었다. 그의 환상 속에는 늘 강력한 이미지의 국가 스파르타가 들어와 우뚝하게 자리하고 있었다. 그는 자신의 성격대로 스파르타의 강력한 정치체제를 선망했다.

크리티아스는 알키비아데스의 친구였고, 알키비아데스가 그랬듯이, 스파르타에 망명한 사람이었으며, 스파르타식 과두정치를 이끈 30인 참주 가운데 하나였다. 그는 귀족 가문인 플라톤의 가계에 속한 사람이었고, 소크라테스와도 깊이 관련되어 있었다.

스파르타와의 전쟁에서 패배한 아테네는 잠시 정치적 과도기에 들어가 있었다. 크리티아스는 전쟁을 승리로 이끈 스파르타의 사령관 리산드로스의 도움으로 아테네의 과두파 정권을 수립하는 데 깊이 관여했다. 전쟁이 끝나면 으레 승리한 나라의 군정이 패전국의 정치를 좌우하는 것이 전쟁사에서 지울 수 없는 불문율이었다.

아테네의 정치가 어느 정도 안정 국면에 접어들자, 스파르타군은 아테네에서 철수했다. 아테네의 과두파 정권은 스파르타식 정치체제로 서서히 바뀌기 시작했다. 과두파는 체제 구축을 강화하기 위하여 도덕 재무장 정책을 수립했다. 전쟁이 끝난 뒤에 으레 나타나는 현상이었다.

권력의 횡포

정권 수립의 일환으로 나타나는 숙정 작업에는 항상 교육문제가 따랐다. 그리고 아테네에서 항상 대립각을 세웠던 교육문제는 변증법과 수사학 사이의 갈등이었다.

고대 그리스에서 생겨난 변증법과 수사학은 두 가지 서로 다른 교육이론이었다. 이들 교육이론은 극단적으로 성격을 달리하는 교육적 방법론이기도 했다. 전자는 이론적 지식을, 후자는 실천적 지식을 가르치는 것을 교육의 본질로 삼았다. 그런데 정권을 잡은 과두파가 법을 제정하여 변증법과 갈등을 빚고 있던 수사학을 아예 가르치지 못하게 했다. 오랜 갈등 속에 이루어진 변증법의 승리였다. 변증법은 이론적인 것이고, 수사학은 실천적인 것이었으니, 이는 이론적 지식이 실천적 지식보다 우위에 서게 된 지식사知識史의 한 사건이었다.

과두파 정권은 변화를 근본원리로 삼는 실천적 교육보다, 불변하는 것을 원리로 삼는 이론적 교육의 손을 들어주었다. 정쟁과 전쟁으로 변화의 소용돌이를 겪고 있던 아테네로서는 상대적 진리관을 제창하는 소피스트들의 수사학보다 절대적, 합리적 진리관을 주창하는 소크라테스와 플라톤의 변증법에서 안정감을 얻으려고 했던 것이다. 그 결과 변증법이 추구하는 절대적 진리관과 이에 터한 합리주의가 고대 아테네 정부가 지정한 공식적 원리가 되었다. 합리주의가 공식적으로 서구 사회에 등장하는 역사적 계기였다.

정치에 기대어 합리주의가 반합리적인 것을 누르고 아테네의 공식적 원리가 된 것은 경위가 어떻든 비극이 아닐 수 없었다. 디오니소스 문화와 아폴론 문화 사이의 균형이 파괴되었기 때문이다. 디오니소스 문화가 무너지고 아폴론 문화가 패권을 장악했다. 정서적 서정적인 것이 사라지고, 이성적 합리적인 것이 아테네 문화를 지배하게 된 것이다.

어떻든 변증법은 정치적 배경을 안고 이른바 관변학문官邊學問이 되었다. 이렇게 된 데에는 절대적 진리를 추구하는 변증법적 특성이 과두파의 보수적 취향에 맞아떨어졌기 때문이었다. 하지만 그것은 또한 변증법을 추구한 소크라테스와 플라톤의 인맥이 과두파 정권으로 뻗어 들어가 있었기 때문이기도 했다.

그런데 아테네의 지식사에서 이론적인 것이 우위를 차지하게 된 좀 더 그럴싸한 이유를 우리는 신화에서도 찾아 볼 수 있을 것이다. 아테네인들은 이성의 신 아폴론을 따랐을 뿐만 아니라, 역으로 아폴론이 소크라테스에게 '아테네의 현자'라는 타이틀을 씌우면서, 자신의 이성적 속성을 인간 세계에 되돌려 주려고 했다는 신화적 해석에서 말이다.

'아테네'라는 국명 또한 신화적 토대 위에서 지어진 이름이었다. 그 이름은 지혜를 상징하는 여신 아테나에서 왔다. 그리고 지혜를 사랑하는 여신 아테나의 속성은 실천적인 수사학보다 이론적인 변증법에 더 가깝다. 아폴론과 아테나의 속성 '이성'은 오랫동안 그리스 신화와 문화의 심층에 자리해 왔었고, 이미 그 안에 합리주의의 뿌리를 내리고 있었다. 결국 아테네가 이성을 선호한 것은 아테네의 탄생 신화와도 무관하지 않았다.

디오니소스 문화

디오니소스 문화와 아폴론 문화는 서로 대립되는 문화다. 디오니소스와 아폴론이 가지고 있는 특성에 따라서다. 디오니소스 문화에서는 신화에 등장하는 술의 신 디오니소스의 특징에서 볼 수 있듯이, 절제 없고 광란적이며, 파괴적인 정서가 강하다. 이 문화를 추종하는 사람들은 그런 정서가 오히려 인간 세계를 보다 적나라하게 표현해낸다고 믿는다. 따라서 디오니소스 문화는 열광적인 정서 표현과 무모할 정도로 광기에 가득 찬 행동과 무절제를 특징으로 하면서 일상적이고 틀에 박힌 형식을 거부한다. 이런 점에서 디오니소스 문화는 아폴론 문화와 대조를 이룬다.
아폴론과 디오니소스는 모두 제우스의 아들이며, 올림포스 12신에 속한다. 아폴론이 태양의 신, 광명의 신, 음악의 신, 시의 신이라면, 디오니소스는 술의 신, 환희의 신, 도취의 신이다. 전자가 '양陽'과 '이理'의 세계에 속한다면, 후자는 '음陰'과 '기氣'의 세계에 속한다. 또한 전자가 보편적인 것을 추구한다면, 후자는 특수하고 개인적인 것을 추구한다. 전자가 문명을 상징한다면 후자는 원초적 자연을 상징한다. 그러나 고대 그리스에서 이 둘은 자연의 이치가 가르쳐주는 형이상학적 산물이었을 뿐, 서로 대립된 관계로 이해하지는 않았다.
또한 아폴론 문화는 논리적이고 이성적인 것을, 디오니소스 문화는 비논리적이고 감성적인 것을 특징으로 한다. 이런 논법을 따르면, 아폴론 문화는 이론적인 것을, 디오니소스 문화는 실천적인 것을 보다 중요하게 생각한다. 그래서 아폴론 문화에

사랑의 역행

학문과 교과까지도 자신들의 체제에 꿰맞춘 과두파는 정권을 잡은 처음 몇 주 동안은 모두에게 유화적이었다. 그러나 아테네는 다시 소란해졌고, 과두파 정권은 이를 억누르기 위해 스파르타로부터 지원군을 불러들였다. 공포정치가 제 모습을 드러냈다. 물론, 이런 상황에서 폭동이 일지 않을 수 없었다.

기원전 403년 초 아테네가 스파르타에 패배한 뒤 1년도 채 못 되어, 레지스탕스 운동은 폭동으로 바뀌었다. 역사학자들은 이를 '시민전쟁'으로 분류하여 역사의 한쪽에 기록해두었다. 과두파로부터 제거당한 세력들이 해외에서 돌아왔고, 그들은 약속이나 한 듯 민주파와 손을 잡고 재기의 기회를 노렸다. 그 가운데 대표적인 인물이 트래시뷸러스였다. 그는 아테네의 장군이면서 과두파에 의해서 추방당한 뒤, 민주파에 들어가 지도자가 된 사람이었다. 알키비아데스와는 여러 번 전쟁에 함께 출정한 막역한 친구 사이였다.

아테네는 다시 위기를 맞았다. 과두파 정권은 자기들에게 저항하는 시민들에게 무장해제를 명하는 한편, 자기들에게 충성하라고 요구했고, 이에 불응하는 사람들은 현상금을 내걸어 암살했다. 아테네는 혼돈이 고조된 사회가 되었다. 과두파에 소속되려면 한 사람이 한 건의 암살을 하도록 하는 조건도 제시되었다. 물론, 이런 일에 명운을 걸고 저항하는 사람들도 없지 않았다. 과두파 정권에서 온건 노선을 걸은 테라메네스가 이에 반대했으나 곧 제거되었다. 그는 마침내 폭정을 비판했다는 죄로 형장으로 끌려가는 신세가 되었다. 크리티아스의 영향에 의해서였다. 플라톤의 학문적 라이벌 이소크라테스가 형장으로 끌려가는 테라메네스를 도우려고 했으나 실패했다는 설도 있다. 아테네 사회는 더 이상 새로운 국면이 트일 것 같지 않았다. 인간 세계로 돌아오는 신들의 길을 권력이 막아섰다.

과두파는 몇 주 동안에 1천 5백 명이나 되는 시민을 학살했다. 다른 사람들은 죽음을 피해 망명의 길을 택했다. 과두파 정부는 부유층에서 그들의 구미에 맞는 3천 명을 골라 시민권을 주었고, 이들에게만 의회에 참석할 권리를 부여했다. 이들만이 법적 보호를 받을 수 있었다는 뜻이다. 물론 이들만이 재산을 소유할 수도 있었다. 그 밖의 사람들은 정부에 한번 잘못 보이면 목숨을 부지하기도 어려웠다. 그 결과 많은 사람들이 살던 곳을 떠났다. 그 가운데 아주 소수만이 레지스탕스 운동에 가담하여 재기의 기회를 노렸다.

소크라테스가 독배를 마시게 된 해의 아테네 인구는 약 23만 명이었다. 이 가운데 약 12만 명이 시민권을 가진 사람들이었고, 3만 명은 비아테네인이었으며, 7만 명은 노예들이었다. 이들 가운데 약 3만 명 정도의 남자만이 정치에 참여할 수 있는 자격을 가지고 있었다. 시민권이

제한되고 노예제도가 허용된 사회였다.

과두파 정권과 그 권력자 크리티아스는 그들의 정치체제를 유지하기 위해 도덕적 숙정작업을 계속했다. '도덕'은 문자적 의미에서는 좋은 것이지만, 누가 그것을 사용하느냐에 따라 그것은 무서운 도구가 될 수 있는 단어였다. 이런 점도 예나 지금이나 별로 큰 차이가 없다. 사람들은 정치적으로 질서를 장악하기 위해서나 정권에 탐욕이 있을 때, 흔히 인간이 만든 가장 아름다운 말을 사용했다. 아테네가 이때 가장 많이 사용한 용어가 도덕적 용어였다. 아테네의 국시 '아름답고 선한 것'도 그 한 가지였다. 이렇게 아름다운 어구, 그것은 원래 신들의 것이었다. 하지만 권력자가 그것을 권력의 도구로 사용하자 그것은 곧 신들의 길을 가로막는 장애가 되었다. 권력 사회가 아름다운 언어를 골라 권력을 행사하는 사례의 극한이다.

정치사회에서 숙정은 늘 '도덕'을 앞세웠다. '도덕'이라는 잣대 앞에 떳떳할 사람이 있을 수 없기 때문이었을 것이다. '도덕'이라는 단어만큼 사람들에게 죄를 뒤집어씌우는 일에 편리한 용어도 세상에는 없을 것이다. 그리고 이 단어만큼 무섭게 오용되는 용어도 드물었을 것이다. 아테네의 과두파 정권은 그런 선례를 역사에 남겼을 만큼 영리했다.

과두파 정권의 숙정작업은 에둘러 가지 않았다. 그들의 말로 '정의롭지 못한 사람은 숙청하고, 나머지 시민들은 아름답고 선한 사람들로 교화'시켰다. 아마도 소크라테스가 아고라에서 '아름답고 선한 것이 무엇인가'라고 소리쳐 물은 것도 그 의미추구를 넘어 이와 같은 정치적 행태를 두고 하는 탄식과 다른 것이 아니었을 것이다.

플라톤도 처음에는 도덕을 잣대로 삼아 사회를 숙정한다는 것에 찬성했던 것으로 보인다. 그도 그럴 것이, 다른 사람과 달리 아테네의 도덕적 불감증을 크게 염려했던 그로서는, 과두파 정치인들의 숨은 의도가 어떻든, '아테네가 좀 더 정의롭고 도덕적인 사회가 되어야 한다'는 주장 자체를 거부할 리 없었을 것이다. 더구나 그런 일에 앞장섰던 크리티아스는 그의 어머니와 사촌 사이었으니 말이다.

과두파의 정치적 숙정은 아테네를 스파르타식 사회로 바꾸려는 의도에서 시작되었다고 역사가들은 증언한다. 아닌 게 아니라, 크리티아스를 비롯하여 스파르타의 전제정치를 연모한 자들은 스파르타식 법질서의 바탕이 되는 도덕률을 자기들도 언젠가는 실행에 옮기려고 했을 것이다. 건강을 지키기 위한 소박한 삶, 상업적 이해관계를 멀리함, 웃어른을 존경함, 공동선을 위해 협력하고 열심히 일을 함, 철저히 법을 준수하는 일 등과 같은 것이 그 도덕률이었다. 사실, 겉으로 보기에 흠 잡을 수 없는 이와 같은 도덕률은 스파르타 정권이 오랫동안 그들의 사회적 기강을 유지하는 데 매우 편리하게 사용했던 도구였다. 도덕률 때문이었는지, 아니면 그 밖의 다른 힘 때문이었는지 알 수 없으나, 스파르타 정권의 통치수단은 잘도 먹혀들어갔던 것이 사실이다. 그리고 그런 통치 방법을 선망한 크리티아스는 스파르타를 가리켜 '가장 힘 있는 국가'라고까지 했던 것이다. 그의 심중을 충분히 헤아릴 수 있는 말이다.

크리티아스는 참주들 가운데 가장 탁월한 '브레인'이었다. 사실, 참주들이라고 해서 그들이 모두 형편없는 맹추거나 간계를 부리는 부도덕한 독재자들만은 아니었다. 그들 대부분은 선을 향한 강렬한 의지를 가진 사람들이었다. 과두파 가운데 이런 정치인들이 가지고 있는 정의감은 민주파 정치인들이 감히 흉내도 내지 못할 정도였다고 한다.

고대 아테네에서 정치적 혼란의 책임은 대부분 과두파가 져야 했다. 하지만, 민주파가 정권을 잡았다고 해서 아테네가 질서 있고 평화스러웠던 것도 아니었다. 민주파 정권 아래에서도 아테네는 부패했고, 입으로만 '아름답고 선한 것'을 외쳤을 뿐, 제도도 허술했으며, 귀족들의 횡포에도 속수무책이었다. 한마디로 민주파는 무력한 정파였다. 그래서 민주파 정권을 지지하지 않는 측은 민주파가 오히려 아테네를 전쟁터로 만든 장본인들이었다고까지 했다. 이런 비판은 자연히 과두파가 더욱 강력히 사회기강을 세우는 데 빌미를 제공하는 셈이 되었다. 민주주의가 싹트는 시점에서 민주주의 자체가 시련을 받고 있었던 어처구니없는 모습이었다.

아테네에서 정쟁의 먹구름은 걷힐 기미를 보이지 않았다. 그런 가운데 민주파와 손을 잡은 트래시뷸러스의 군사력이 점점 증강되었고, 뒷날 소크라테스를 고발한 사람 가운데 하나인 아니토스가 트래시뷸러스 장군의 동지가 되었다. 과두파 안에서 힘없던 트래시뷸러스가 민주파에 들어가 어느 새 그가 속했던 과두파를 제거하는 영웅의 자리에 앉게 되었다. 역사 속에서 이루어지는 인간들의 모임과 흩어짐은 인간의 눈으로 헤아리기가 이처럼 어려운 것인가 보다.

과두파는 즉시 트래시뷸러스군을 격퇴시키기 위해서 진군 명령을 내렸다. 하지만 실패하고 말았다. 수에 있어서 열세였기 때문이었다. 크리티아스는 피라에우스 전투에서 전사했다. 그의 죽음으로 과두파와 민주파 사이의 내란은 종지부를 찍었다.

동족끼리의 정쟁과 그 결과는 나라와 나라 사이의 전쟁보다도 더 비극적이었다. 그리고 정쟁이라는 것이 항상 그렇지만, 무엇보다도 비겁하고 무책임했다. 권력을 장악하기 위해 나라를 내던지고 국민을 갈라놓았다. 왠지 먼 시대 남의 나라 이야기만은 아닌 듯싶다. 아닌 게 아니라, 정쟁에는 승자도 패자도 없고, 승리도 패배도 없으며, 자국과 적국도 있을 리 없다. 오로지 정당들의 비극적 투쟁과 국가의 혼란과 파멸, 그리고 국민의 불안과 고통만이 남는다. 단지 국민과 국가의 희생만을 남기는 것이 무책임한 정치꾼들이 만들어 내는 정쟁의 결말이라는 이 사실은 아테네의 비극적 역사에서 우리가 읽어낼 수 있는 교훈이기도 하다.

아테네의 정쟁은 참으로 비극적이었다. 그 정쟁이 얼마나 비극적이었는지를 알려면 과두파가 권력을 장악하기 위해 적국 스파르타의 군사력까지 빌려 동포의 항복을 받아냈다는 사실을 확인하면 된다. 아닌 게 아니라, 우리는 정치에서 자신이 속한 측의 승리를 위해 선과 진리와 정의보다는 정파에 기대고 양심을 거역함으로써 자국의 불이익과 자멸까지도 불사하는 비겁한 현상을 자주 목격한다. 이것은 진실로 먼 역사에서뿐만 아니라, 지금 이 순간 여기에서도 보게 되는 현상이니, 생각에 잠기는 이의 마음을 극도로 착잡하게 한다. 이 비겁한 현상 앞에 우리 '인간'은 도대체 어떤 존재인가? '인간'을 '정치'라는 단어와 연관시킬 때면 항상 일어나는 착잡함이다.

아테네가 스파르타에 패하고 1년이 지난 뒤, 민주파가 정권을 장악했다. 사람들은 모든 야망을 잃고 무덤 속으로 들어간 크리티아스를 '민주정치에 불을 지른 과두정치의 화신'이라고 했다. 아테네의 민주주의가 그로 인해 훼손되었다는 뜻이지만, 그 자신은 거꾸로 '민주주의'라는 탈을 쓴 자들이 대중을 선동하는 포퓰리즘을 자행한다고 비판했던 사람이었다. 어느 것이 진실인가. 하지만 역사는 공포정치로 무고한 시민들을 괴롭힌 크리티아스와 그의 동료들을 냉엄하게 꾸짖었고, 그 내용을 비문에 새겨 역사의 교훈으로 남겼다.

이들은 비록 잠시 동안이지만 아테네인들을 피의자로 낙인찍어 쫓아냈다. 이들을 위해 무덤에 기념비까지 세울 필요가 있겠는가. 그럼에도 불구하고 여기에 그 기념비를 세우는 뜻은, 역으로 그들의 오만을 억누른 선한 사람들을 기리기 위함이다.

이와 같은 명문이 세상에 또 있을까 싶다. 역설로 꾸며낸 문장치고는 의미가 꽤나 분명하다. 오만은 신과 인간의 사랑을 가로막는다. 그렇다. 그런데 정말 이런 오만을 억눌렀다는 사람들의 마음은 신에 대한 사랑으로 가득 차 있었을까. 왠지 긍정적 답을 내리기 어렵다. 그러나 역사는 이 질문에 '그렇다'고 대답한 셈이다. 역사도 때로는 별 수 없이 무지한 대중에 이끌려 다님을 어찌하랴 싶다.

포퓰리즘

포퓰리즘populism은 엘리트와 대중을 같은 위치에 놓는 정치사회적 현상이다. 구체적으로 포퓰리즘은 일반 대중을 정치의 전면에 내세워 이들을 통해서 권력을 유지하는 일종의 정치적 수단이다. 그러므로 그것은 소수의 지배집단이 정치사회를 좌우하는 엘리트주의와 대립한다. 그것은 사전적 정의에 따르면 민중의 필요와 소망을 거르지 않고 표출시키는 정치 활동이다. 그러나 그 모양새를 굳이 따지자면, 그것은 정치인들이 비정치인들을 동원하여 자신들의 정치적 입지를 튼튼히 하는 방편이다.

'포퓰리즘'이라는 말이 쓰이기 시작한 것은 1891년 미국에서 포퓰리스트당Populist Party, 즉 인민당People's Party이 결성된 뒤부터다. 미국 포퓰리스트당은 정치사에서 미국의 양대 정당인 민주당과 공화당에 대항하기 위해 농민과 노조의 지지를 받아 과격한 정책을 내세웠던 당이다.

포퓰리즘의 특징은 정치 지도자들이 반대편 정치세력에 비하여 힘이 열세일 때, 국민에게 자신들의 정치적 입장을 직접 호소하고, 그 대중적 지지를 권력유지의 기반으로 삼는 것이다. 이들은 흔히 권력과 대중의 정치적 지지를 얻으려고 겉모양만 보기 좋게 포장한 개혁 정책을 내세운다. 결국 그들은 포퓰리즘을 민중을 위한 합리적 정치개혁보다 인기에 영합하여 자신들의 권력을 유지하는 데 악용한다고 볼 수 있다.

포퓰리즘이 다수의 대중을 정치 활동에 동원하지만 이런 경우 그것이 획득한 다수의 의견이 전부 옳다고 할 수는 없다. 이런 경우는 감정에 휩쓸릴 뿐만 아니라, 자신의 이익만을 우선시할 가능성이 높기 때문이다. 포퓰리즘이 성황을 이루는 사회에서는 항상 다수의 의견에 귀를 기울이는 경향이 높고, 그 결과로 소수의 목소리는 무시하는 위험이 따른다.

포퓰리즘을 민주주의를 위한 수단으로 생각하는 것은 잘못이다. 이 둘 사이에는 논리적 차이가 있다. 그 차이는 목적에 의해서 구분된다. 다수의 의견이 단지 권력을 위한 수단으로 사용될 것인지, 아니면 국가 발전과 유지를 위한 여론으로 수렴될 것인지의 차이가 그것이다. 또한 포퓰리즘과 민주주의는 소수의 의견을 묵살하느냐, 아니면 존중하느냐의 차이에 의해서도 구분된다. 물론, 전자는 포퓰리즘의 경우고, 후자는 민주주의의 경우다. 포퓰리즘을 수단으로 사용하는 경우는 여론의 질質이 무시되고 오로지 양量만을 가지고 자신의 정치적 입장을 정당화한다.

위대한 스승이면서 실패한 스승

아테네 사회를 혼란의 도가니로 몰아넣은 알키비아데스와 크리티아스는 야망의 넋이 되어 사라짐으로써 다시는 돌아올 수 없는 역사의 객이 되었다. 하지만 그들이 남긴 불명예는 어쩔 수 없이 그들의 스승에게로 돌아갔다. 그들은 소크라테스의 제자들이었기 때문이었다. 물론, 소크라테스에게는 다른 제자들도 있었다. 아리스토파네스, 아가톤, 크세노폰, 카르미데스, 그리고 우리가 잘 아는 플라톤이 소크라테스의 애제자들이다. 뿐만 아니었다. 이들은 모두 해진 토가를 걸치고 맨발로 아고라를 방황하면서 '안다는 것이란 무엇인가', '정의란 무엇인가', '아름다움이란 무엇인가'라는 질문을 던지며 신들의 세계를 사랑하던 스승 소크라테스의 모습을 기억할 수 있는 사람들이다. 아리스토텔레스도 소크라테스의 제자인 플라톤의 제자니, 그 역시 소크라테스의 손자뻘이 되는 제자였다.

알키비아데스도 크리티아스도 틀림없이 스승이 가지고 있던 그런 열정을 많이 나누어 가진 사람들이었다. 그러나 그들의 '열정'은 스승의 것과 같은 것이 아니었다. 그들의 열정에는 스승의 열정 속에 들어 있던 그 선함이 들어 있지 않았던 것이다. 그들의 '열정'은 스승이 가르쳐 준 진정한 '지혜의 사랑'과 거리가 멀었다.

알키비아데스와 크리티아스의 권력욕과 명예욕과 억제할 수 없는 정치적 야망과 어둠을 향한 유혹의 발자국은 지우지 못할 역사적 흔적으로 남게 되었다. 욕망과 유혹은 아집과 집착을 낳고, 아집과 집착은 그들의 시야를 짙게 가렸다. 이와 같은 무명無明의 세계에서 스승이 비친 '선'의 빛을 좇기에는 그들의 눈이 너무 어두웠다.

진리를 외면하는 오만과 특정 이데올로기에 대한 집착은 유혹에 연약한 인간의 마음을 그토록 그릇된 길로 인도하기 마련이었다. 스승의 가르침에도 불구하고 알키비아데스는 늘 그런 오만과 집착에서 벗어나지 못했다. 어떻든 스승의 가르침의 결과가 모두 이렇게 되면 어떻게 될까. 결국 제자들은 거침없이 유혹에 빠지게 되어 인류의 원죄를 다시 증거하고, 스승은 그 때문에 모든 의혹을 사게 되는 것이 인간 사회의 매정함이 아니겠는가. 아닌 게 아니라, 알키비아데스와 크리티아스의 방자함은 한 순간의 지체도 없이 '청년들을 타락시켰다'는 죄목이 되어 스승의 죽음으로 여과 없이 돌아갔다.

소크라테스는 성공한 스승이었을까 실패한 스승이었을까. 가르치는 사람들의 마음을 착잡하게 만드는 질문이다. 그러나 가르침은 원래 성공보다 실패가 더 많은 것인지도 모른다. 그럼에도 불구하고, 스승 된 자들이 실패 가운데 드리워진 그 가느다란 성공의 끈을 놓지 않고, 그들의 원조 소크라테스가 그랬듯이, 매일매일 가르침을 통한 희생의 역사를 거듭 엮어 가는 것은, 값비싸지만 거부할 수 없는 인류의 역사적 소명 때문이 아닌가 한다.

09

신을 재판한
인간의 아집과
오만

기원전 399년 '세기의 재판'이라 할 수 있는 아주 보기드믄 재판이 아테네 아고라에 있는 아레이오스 파고스 법정에서 열렸다. 소크라테스 재판이었다. 아폴론이 선택한 '아테네에서 가장 현명한 자'가, 신의 세계에 가장 가까이 다가간 '인류의 스승'이, 피고석에 앉게 된 재판이었다. 뭔가 걸맞지 않는 이상한 재판이었다. 인류 역사에는 이와 같이 뭔가 걸맞지 않는 이상한 재판들이 자주 있어 왔다. 예수도 이와 같은 이상한 재판의 피고석에 앉아 있었다.

그런데 소크라테스가 피고석에 앉게 된 이유는 무엇인가. 그를 법정에 고발한 사람들은 그가 '나라가 인정하는 신을 믿지 않고, 청년들을 타락시켰다'고 고발장에 썼다. 그러나 이와 같은 내용의 밑바탕에는 보다 근본적인 이유가 깔려 있었을 것이다. 그것은 틀림없이 민주파가 정권을 장악한 뒤, 과두파의 후견인을 책벌하는 정치적 보복의 하나였을 것이다. 그것은 정쟁에서 승리한 쪽이 상징적으로 마련한 살육의 페스

티벌이었다. 아닌 게 아니라, 역사는 소크라테스의 재판을 가리켜 아테네의 내란에서 승리한 민주파가 '민주주의'라는 이름으로 그에게 독배를 건넸다고 기록했다.

그런데 민주파는 진정한 민주주의자들이었고, 소크라테스는 정말로 민주주의를 거스렸는가? 이 물음의 정답은 어디에서 찾을 것인가.

소크라테스의 플라톤

소크라테스와 플라톤 사이의 관계는 운명이었다. 소크라테스와 같은 위대한 스승이 없었다면, 플라톤과 같은 그렇게 위대한 철학자가 나오기도 쉽지 않았을 테고, 역으로 플라톤만큼 그렇게 글재주가 좋은 제자가 없었다면, 스승 소크라테스의 위대한 사상과 행적이 고스란히 온 인류에게 전달되지도 못했을 것이다. 정말이다. 플라톤이 없었다면, 소크라테스의 진리와 정의와 아름다움에 대한 그 사랑의 열정은 송두리째 역사의 뒤안길로 사라지고 말았을 것이다.

플라톤, 그는 진실로 스승에게서 나온 그 무궁무진한 철학적 자원을 이어받아 철학사에서 전무후무한 철학자가 되었다. 소크라테스, 그는 참으로 제자 플라톤의 철학적 표현 능력에 힘입어 그처럼 아름다운 지혜의 사랑과 그 방식을 자칫 매몰될 뻔한 위기에서 모조리 건져낼 수 있게 되었다.

철학사나 인류의 정신사에서 플라톤의 업적은 참으로 위대하다. 플라톤의 철학적 업적이 얼마나 위대했으면, 화이트헤드가 플라톤 이후의 철학을 모두 플라톤 철학의 주석에 불과하다고까지 했겠는가. 소크라테스의 지혜의 사랑이 얼마나 진정한 것이었고, 앎에 대한 그의 생각이 얼마나 올바른 것이었으면, 그것이 철학의 바탕이 되어 오늘날까지 위대한 학문으로 남아 있겠는가. 소크라테스와 플라톤의 만남은 예사롭지만은 않은 운명이었다.

플라톤의 원명은 할아버지의 이름을 딴 아리스토클레스였다. 그는 원래 씨름 선수였다. 어깨가 넓어 '넓죽이'라는 별명도 얻었다. 이 별명은 그리스어로 platus플라투스였다. 오늘날 그의 이름 Platon플라톤은 이 별명에서 왔다.

소크라테스와 플라톤이 만난 것은 가히 신화적이었다. 플라톤은 나이 20세에 이미 훌륭한 문장가로 인정받았다. 그는 어느 날 한 편의 비극을 써서 디오니소스 축제에 출품하러 갔었다. 그리고 그곳에서 소크라테스를 만났다. 그 만남은 플라톤의 삶을 전격적으로 바꾸어 놓았다. 그 만남을 계기로 플라톤이 비극작가에서 철학자로 탈바꿈했기 때문이었다. 고대 그리스의 비극문학이 큰 손실을 보게 되었던 셈이다.

그런데 이런 일이 일어나기 전날 밤 소크라테스는 꿈에 어린 백조 한 마리를 보았다. 그 백조는 소크라테스의 입술에 둥지를 틀더니, 곧바로 그 깃이 백색으로 찬란하게 빛나면서 큰 백조로 바뀌었다. 그 꿈이 하도 이상해서 잠자던 소크라테스는 방 안을 한참 동안이나 서성거렸다. 그런 그가 다음 날 아침 디오니소스극장 앞에서 플라톤을 만났고, 꿈에 나타난 그 백조가 플라톤이었음을 즉각 알아차렸다 한다. 소크라테스와 플라톤 사이에 몇 마디 대화가 오갔고, 플라톤은 지체 없이 디오니소스극장에서 발표하기로 한 그의 작품을 태워버렸다.

소크라테스의 입술에 둥지를 튼 꿈속의 그 백조는 훗날 소크라테스의 대변인이 되었다. 소크라테스의 생각은 플라톤의 말로 각색되어 그

의 대화편으로 짜임새 있게 옮겨졌다. 그리고 자신의 그 찬란하게 빛나는 흰 날개를 펴고 한없이 날 수도 있게 되었다.

백조는 아폴론의 상징이었다. 그러니 플라톤의 대화편들은 근원적으로 아폴론의 입술에서 나온 백조의 울음소리였을 것이다. 그렇다면 플라톤의 글로 탈바꿈한 백조의 그 울음소리는 결국 델포이의 아폴론이 인간 세상으로 환생incarnation하는 과정이었을 것이다.

아닌 게 아니라, 플라톤은 자주 이렇게 말했다. "나의 생일과 아폴론의 생일은 같은 날"이라고 말이다. 이렇게 되면 델포이의 신 아폴론의 환생은 결국 스승 소크라테스를 거쳐 제자 플라톤으로까지 이어졌다는 뜻이 된다. 플라톤의 대화편들은 결국 아폴론이 비친 이성의 빛을 따라 써내려간 것이니, 이런 생각도 터무니없는 망상이라고 할 수만은 없을 것이다. 그러나 안타깝게도 우리에게 알려진 플라톤의 탄생일은 정확하지 않으니, 그저 상상 속에서 그 신비감을 더하는 수밖에 없을 것이다.

플라톤은 지혜를 사랑하는 소크라테스의 제자가 되었다. 그러나 그는 스승을 아테네 사회에 내세우거나 사약을 받는 재판으로부터 보호하는 데 적극적이지 못했다. 더욱이 스승을 향한 정치인들의 반지성적 행위에 저항하지도 못했다. 소극적 성품의 소유자 플라톤은 스승의 죽음을 먼 곳에서 바라본 뒤, 정치에 환멸을 느끼고 실의에 빠진 채 멀고

▲ 아폴론과 백조(기원전 370년의 그리스 동전)

오랜 여행길을 떠났다.

멀고 오랜 여행에서 돌아온 플라톤은 오로지 학문세계에만 틀어박혀 있었다. 아직 나이 어린 백조였다. 이런 면에서 플라톤은 대범하고 통이 큰 알키비아데스나 크리티아스와 같은 제자들과는 대조적인 성격을 가진 자였다. 그는 늘 뒷전에만 머물고 나서지는 못했다. 하지만 한 가지 재주가 있었다. 스승이 한 일과 생각을 꼼꼼히 기억하고, 그것을 문장으로 정리하여 체계화하는 재주였다. 그 결과로 플라톤은 크고 흰 백조가 되어 28편이나 되는 대화편들을 썼고, 그것으로 온 세상에 백조의 그 고고한 울음을 터트렸다.

민주주의의 약점

알키비아데스와 크리티아스는 민주주의가 과연 최상의 정책인지에 대하여 회의적이었다. 사람들은 아마도 이들이 귀족이기 때문에 가난하고 못 배운 사람들에게 정치 참여의 기회를 주는 것을 싫어했다고 말했을 것이다.

알키비아데스와 크리티아스처럼 소크라테스와 플라톤도 민주주의가 최상의 정책이라고는 생각하지 않았다. 하지만 이들은 알키비아데스와 크리티아스처럼 귀족으로서 자신들의 권익을 유지하기 위하여 민주주의에 대한 부정적인 태도를 취했다고 보기는 어렵다.

소크라테스가 당시에 민주주의에 대하여 회의적이었던 것은 민주주의를 주창하는 사람들이 대중의 어리석음을 이용하는 데 있었다. 그때는 사실, 이성적 판단이 보편화되기 이전이어서 대중의 마음이 정치적인 일을 올바로 판단할 만큼 발달하지 못했었다. 소크라테스는 이와 같이 이성적 판단이 제대로 서지 못하는 사회에서 정치인들이 '민주주의'라는 이름으로 대중의 어리석음을 이용한다는 것은 이성에 대한 속임수일 뿐만 아니라, 모독이라고 생각했다. 당시 대중이 던지는 표는 이성적 판단의 결과라고 할 수 없었다. 아닌 게 아니라, 그때 대중은 이성의 길을 따른 것이 아니라, '민주주의'라는 기치를 내걸고 그 아래에서 함부로 혀를 내두르는 정치인들의 수사법과 웅변술에 이리저리 이끌려다녔던 것이다.

이런 결과로 민주주의에서 수數의 문제는 늘 질質의 결여 문제를 불러오기 마련이었다. 사실, 다수결의 원칙 아래에서 이루어지는 민주주의의 수-게임에는 질의 문제가 은폐되어 있다. 민주주의의 본질적 약점이다.

질이 고려되지 않는 수-게임은 논리적으로 나쁜 다수가 선한 소수를 이길 수 있다는 가능성을 내포한다. 이 문제는 고대 아테네뿐만 아니라, 지금도 그리고 앞으로도 민주주의의 흠으로 남아 있게 될 것이며, 계속

뜨거운 논쟁의 불꽃을 튀길 것이다.

민주주의에 대한 소크라테스의 염려는 곧장 플라톤에게로 넘어갔다. 플라톤도 민주주의 자체에 우직한 점이 없지 않다고 걱정했다. 그는 민주주의 정치체제를 가리켜 '중우정치衆愚政治'라고까지 했을 정도였다. '어리석은 대중들을 이용하는 정치'라는 뜻이었다.

플라톤은 민주주의를 주창하는 사람들이 끝없는 대립과 투쟁을 일삼고, 겉과 속이 다르며, '어리석은 대중'을 자기들의 목적을 위해서 이용한다고 생각했다. 그런데 이런 일은 사실, 정파政派만이 저지르는 소행은 아니다. 종파宗派나 특정 이데올로기를 신봉하는 자질구레한 인간 모임 어디에서든 어렵지 않게 관찰할 수 있는 사실이다.

중우정치

중우정치衆愚政治는 특정 정치인들이 다수의 어리석은 민중을 이용하는 정치를 일컫는 말이다. 이는 인류 역사에서 사라져야 할 것이지만, 지금도 살아 있는 정치적 수단이다. 이는 '민주주의'의 개념 속에 들어 있는 약점이기도 하다. 이런 이유로 '중우정치'는 '민주주의의 약점을 지적할 때 동원되는 개념이기도 하다. 사실, 중우정치에 의해서 올바른 민주정치가 시행되지 못하고, 특정 정치 집단이 민중을 속여 지지를 얻고, 그렇게 해서 얻은 수를 앞세워 정치를 이끌어가는 경우가 많다. 소크라테스는 페리클레스 이후 아테네의 민주정치가 타락했다고 생각했다. 당시 아테네 정치인들과 시민들은 자신들의 권력과 이익을 찾기에 수단과 방법을 가리지 않았고, 이를 위해 군중을 자기편으로 끌어들이는 수법을 썼다. 민회에서 정치인들은 자신에게 조금이라도 불리한 발언을 하는 상대편을 무조건 적으로 규정했으며, 그들의 의견에 귀를 기울이지도 않고 반대를 위한 반대만을 일삼았다. 우리 사회에서는 물론 많은 나라에서 예나 지금이나 다름없이 볼 수 있는 현상이다. 아니나 다를까 이와 같이 중우정치에 빠져 있던 아테네에서 소크라테스는 마지못해 스파르타의 정치를 이상적인 것이라고까지 생각했던 것으로 보인다.

플라톤은 중우정치의 밑바닥에 국가를 유약하게 만들고 결국에는 스스로 병들게 하는 요인이 은닉되어 있다고 생각했다. 그리고 그런 정치제도 속에서 선출된 통치자들은, 마치 어린이들에게 건강에 해로운 달콤한 음식을 주어 달래듯, 그렇게 어리석은 대중의 구미를 맞추기에 급급한 행동을 서슴지 않는다고 생각했다.

플라톤도 소크라테스도 불완전한 민주주의보다 이성과 합리적 질서가 다스리는 정치제도를 선호했다. 아닌 게 아니라, 플라톤의 「국가」에는 다수의 어리석은 사람들을 이용하는 정치가 아니라, 현명하고 정의롭고 탁월한 사람들이 이끄는 정치가 더 완벽하다는 생각으로 가득 차 있다. 그가 철인哲人이 통치하는 국가를 이상 국가로 제시한 것은 이런 연유에서였다.

신에게 가장 가까운 자를 재판한 인간의 불손

아테네에서 가장 현명한 자가 피고석에 앉으면 누가 그를 재판할 것인가. 전선全善한 신일까, 무지한 대중일까, 오만과 불손으로 가득 찬 정치꾼들일까. 현명한 사람을 빼면 신과 대중과 불손한 정치꾼들만 남게 되니 말이다.

참으로 이상한 일이 벌어졌다. 소크라테스를 고발한 사람들은 신을 사랑하여 신에게 가장 가까이 가 있는 소크라테스를 '나라에서 인정하는 신을 받들지 않았다'고 했다. 또한 신이 가지고 있는 선의 속성을 사랑한 소크라테스가 '아테네 청년들을 타락시켰다'고 고발장에 썼다.

그런데 소크라테스가 나라가 인정하는 신을 받들지 않았다는 뜻은 무엇인가. 그는 신 앞에 겸손한 사람이었는데도 말이다. 그는 아테네인들이 받드는 신 아폴론을 사랑하고 그의 소명召命을 철저히 따르기 위해서 아고라에 나갔으며, 그곳에서 아폴론이 내린 경구 '너 자신을 알라'를 외쳐댔지 않았는가. 더욱이 그는 모든 사람들이 걸어갈 이성의 길을 닦은 사람이었고, 올바른 사고의 길을 닦기 위해 아고라의 모퉁이에서 맨발로 밤을 새워 기도하지 않았는가. 소크라테스를 고발한 사람들에게 묻고 싶은 애절한 질문들이다.

소크라테스는 무엇보다 지적으로 겸손했다. 그가 추구한 것은 헛된 권력에의 의지가 아니라, 오직 인간 지성이 따라야 할 올바른 사유의 길뿐이었다. 그는 인간이 따라야 할 것이 있다면, 그것은 오직 이성의 명령이라고 생각했다. 이성 앞에 선 그의 겸손한 자세였다. 무엇이 참이고 무엇이 거짓인지를 알면서도 이를 거역하는 '겉 다르고 속 다른' 오만하고 불손한 정치꾼들 속에서 이성의 길을 걸은 그의 지적 겸손은 범사에 속한 것이 아니었다. 아폴론의 속성이 이성이고, 그가 이 이성 앞에 겸손했으니, 그는 결국 아폴론 앞에 겸손했을 뿐만 아니라, 그것을 나누어 가졌다는 뜻이 된다. 그런 그를 어찌 '나라가 인정하는 신을 받들지 않았다'고 고발했는지 알 수 없는 일이다.

소크라테스에게 있어서 이성과 신성神性은 서로 분리되어 있지 않았다. 그에게 있어서 이성의 최고봉은 신의 자리였다. 그러니 그가 이성의 길을 따랐다는 것은 결국 신을 따랐다는 뜻이 아닌가. 그런데도 그가 아테네인들이 믿는 신을 받들지 않았다고 한다면, 그런 주장이 어떻게 성립될 수 있겠는가.

그럼에도 불구하고, 고발인들이 소크라테스가 아테네인들이 믿는 신을 믿지 않는다고 했다면, 그런 주장 밑에는 우리가 유추해낼 수 있는 무엇인가가 숨어 있을 것이다. 우리는 그 근거를 두 가지로 유추해낼 수 있을 것 같다. 하나는 그가 가끔 말한 다이몬daemon의 정체 때문일지도 모른다. 그는 자주 '내 마음 속에는 다이몬이 살고 있고, 그 다이몬의 소리를 듣는다'고 말했다. 아마도 소크라테스를 고발한 사람들은 이 다이몬을 소크라테스의 사신私神이라고 생각했을지도 모른다. 그러나 그 다이몬의 소리는 지금 우리가 이해하기로는 그의 마음속에서 울려오는 '이성의 소리'였다.

소크라테스를 그리스인들이 받드는 신을 믿지 않았다고 고발한 또 하나의 근거가 있었다면, 그것은 아마도 기원전 415년 어느 날 밤에 일어난 사건, 즉 그리스인들이 풍요의 신으로 받든 헤르메스의 주상 파괴 사건과 관련될지도 모른다. 그 일의 주역에 관한 주장의 진위 여부를 떠나 소크라테스의 애제자 알키비아데스가 연루되어 있었으니, 이 신성모독죄가 알키비아데스의 스승 소크라테스에게까지 이어졌을 수도 있었을 것이다.

그런데 소크라테스가 '아테네의 청년들을 타락시켰다'는 고발장의 내용은 또 무엇일까. 이것도 분명 소크라테스로부터 가르침을 받은 청년들의 도덕적 퇴폐만을 가리키는 것은 아니었을 것이다. 거기에도 분명 정치적 음모가 숨어 있었을 것이다. 소크라테스를 단죄하려고 고발장을 쓴 사람들은 소크라테스에게 무엇인가 좋지 않은 감정을 가지고 있었을 것이라는 뜻이다. 정치적 송사에는 늘 분명치 않고 깔끔치 못한 감정의 앙금들이 가라앉아 있기 마련이었다.

소크라테스 재판의 주역을 맡았던 사람들은 밀레토스였다. 그는 소크라테스를 만나 본 일이 없는 이름 없는 젊은이였다. 그럼에도 불구하고 그가 주역이 되어 소크라테스를 고발한 이유는 무엇이었을까.

플라톤의 대화편 「국가」에는 소크라테스가 시와 시인들을 비판하는 광경이 자주 등장한다. 시인들이 시를 제대로 이해하지 못한다는 것이었다. 그런데 공교롭게도 밀레토스의 아버지가 그런 부류의 시인이었다는 것이다. 만약 이 추측이 들어맞았다면 밀레토스의 고발은 일종의 명예훼손에 대한 보복이었던 셈이다. 그러나 밀레토스의 고발장 전문은 지금 우리에게 전하지 않으니, 여기에는 정확성의 문제가 남는다. 하지만 밀레토스는 소크라테스의 재판이 끝난 뒤, 살해당했다는 설이 있다. 선이 무엇인지 아는 아테네 시민들의 분노가 그를 그냥두지 않았다는 것이다. 그러나 이것 또한 확실치 않은 소문에 불과하다.

밀레토스의 경우에 비해 소크라테스를 법정에 내세우는 자질구레한 일들을 도맡아 처리했던 사람은 뤼콘이었다. 뤼콘의 고발 내용은 어느 정도 그럴듯해 보인다. 그는 정치가로서 민주주의를 옹호한 사람이었다. 그는 소크라테스가 과두파 정치인들과 가까이 지낸 것을 문제로 삼아 소크라테스의 정치적 신념을 평소부터 비난해 온 사람이었다. 게다가 뤼콘의 아들이 과두파의 핵심 멤버인 참주들에 의해서 살해되었다는 사실도 그가 소크라테스를 고발하는 데 크게 작용했을 것이다.

그러나 소크라테스를 고발하는 데 가장 적극적이었던 사람은 아니토스였다. 그는 전면에 밀레토스를 내세우고, 뒤에서 그를 조종했을 정도로 지략이 뛰어난 사람이었다. 물론, 그와 소크라테스 사이에도 정치적 문제가 끼어들어 있었다. 아니토스도 뤼콘처럼 열렬한 민주파의 일원이었다. 그는 처음에 과두파를 지지했으나 과두파 동지들을 버리고 트래시뷸러스를 따라 민주파에 합류했던 사람이다. 그가 소크라테스를 고발한 그 적극성도 따지고 보면 그가 속해 있던 과두파에 대한 복수심의 강도에 비례했을 것으로 보인다. 정파를 옮겨 다닐 만큼 이데올로기에 민감한 그였으니, 그는 과두파의 대부 크리티아스와 알키비아데스에 대한 증오심과 적개심의 정도만큼 그들의 스승 소크라테스에 대한 감정도 좋지 않았을 것이다.

소크라테스를 고발하는 데 적극성을 보인 아니토스의 행동으로 보아, 그의 고발장이야말로 가장 대표적인 것이었을 것이다. 그러나 유감스럽게도 아니토스가 읽은 고발장 또한 찾아볼 수 없으니, 역사는 인류에게 또 하나의 아쉬움을 남겨놓고 말았다. 이런 아쉬움 때문이었던지, 아니면 그 잃어버린 고발장의 내용이 눈에 선했던지, 역사가 워터필드는 「소크라테스는 왜 죽었는가」에서 크세노폰이 쓴 「소크라테스의 변명」과 플라톤의 「변명」을 종합하여 아니토스의 고발장을 다음과 같이 재생시켰다.

신사 여러분, 나는 여러분들의 시간을 많이 빼앗지 않으려고 합니다. 아테네를 대표해서 나의 친구 뤼콘이 뒤이어 연설을 하게 되어 있습니다. 그리고 여러분은 이미 밀레토스가 한 연설 내용을 들으셨습니다. 여기 여러분 앞에 있는 소크라테스는 철저한 무신론자며, 무서운 음모단의 영수고, 젊은 청년들을 타락시켰을 뿐만 아니라, 그들로 하여금 파괴적 행위를 하도록 가르쳤으며, 새롭게 등장한 불경스럽고 부도덕적인 사상으로 그들을 물들였습니다. 그런 나머지, 그는 청년들로 하여금 부모와 가족은 물론, 정직하고 선량한 시민들을 멸시하도록 가르친 소피스트 가운데 한 사람입니다. 그는 참된 시민이 아닐 뿐만 아니라, 국가가 인정하지 않는 신을 믿는 자입니다. 그러나 나는 나의 동료가 이미 그의 불경죄에 대해서 고발을 했기 때문에 더 이상 이에 대하여는 말을 하지 않겠습니다. 나는 다만 그가 저지른 사회적 타락에 초점을 모아 그를 여러분에게 고발하겠습니다.

나는 여러분들에게 길게 말하지 않겠습니다. 왜냐하면 여러분들은 이미 소크라테스가 어떤 인간인지를 잘 알고 있기 때문입니다. 여러분은 분명히 아고라에서 재잘거리는 여인네들과 어정뜨기 청년들과 삐쩍 마른 노인들에 둘러싸여 있는 그를 보았을 것입니다. 그는 김나지움에서 살다시피 했습니다. 그러나 여러분은 거기에 가서 그를 볼 기회도 없었을 것입니다. 왜냐하면, 여러분은 김나지움에 가서 소년들의 잘생긴 몸매를 구경할 겨를도 없이, 생업에 시간을 보내야 했을 테니 말입니다.

그런데 소크라테스는 무엇을 했습니까? 그가 여러분에게 보여준 것은 무엇입니까? 그는 여러분 가운데 아무나 붙들고 질문을 퍼붓기 일쑤였을 뿐만 아니라, 그 질문에 대답하도록 강요하지 않았습니까? 그런데 그의 질문은 순수 무결한 것이 아니지 않았습니까? 그렇습니다. 그는 시간이 몇 시인지 또는 레슬링 경기장으로 가는 길이 어느 것인지를 묻는 실질적인 질문들을 한 것이 아니었습니다. 그의 질문들은 그의 제자들에게는 대단히 흥미로운 것이었을지 모르지만, 여러분에게는 괴변으로 가득 찬 수수께끼에 불과했던 것이 아닙니까? 그의 질문들은 여러분을 당황스럽게 만들었을 것입니다. '선함이 무엇인지'를 알지 못한다고 여러분들을 책망하면서 말입니다. 그 자신은 요사스럽게도 그런 지식을 모두 가지고 있는 체 했습니다. 우리들 가운데 아무도 그가 선함이 무엇인지를 분명하게 말하는 것을 들어본 적이 없었는데도 말입니다.

그는 민주주의를 싫어하는 시인들로부터 영향을 받아 교묘하게 자기의 주장을 펴나가는 데 흥미를 가지고 있었습니다. 그는 우리 아테네가 이만큼 훌륭하게 가꾸어온 전통적 가치를 쓸모없고 모순에 가득 차 있다고 주장했습니다. 그는 시인 헤시오도스가 '사람은 생활비를 장만하기 위해 범죄를 저지를 수밖에 없다'고 말했다는 점을 들어, 우리 사회에서 가장 훌륭한 시인들의 생각까지도 오도하려고 했습니다. 그런가 하면, 우리의 위대한 선조 호메로스조차 오디세우스를 도적으로 만들었다고 했습니다. 또한 트로이 전쟁은 일종의 절도 행위였다는 것입니다. 그 결과로 정직한 여러분이 살고 있는 이 아테네가 참패했다는 것입니다. 좋습니다. 하지만 위대한 헤시오도스가 한 말을 그에게 상기시켜주고 싶습니다. "한 사회의 모든 시민들이 단지 한 사람의 악인 때문에 고통을 받는다"는 말을 말입니다.

소크라테스가 우리 사회에 해를 끼쳤다는 사실에 대하여는 전혀 의심이 없습니다. 우리 아테네는 조상들로부터 물려받은 가치관 위에 세워진 나라입니다. 그럼에도 불구하고 소크라테스는, 가치나 덕은 가르칠 수 없는 것이라는 이유를 들어, 젊은이들에게 선조들이 이룩해 놓은 가치를 쓸모없는 것이라고 했을 뿐만 아니라, 법과 전통까지도 별 볼일 없는 것이라고 했을 정도입니다. 그는 아테네가 오랫동안 믿어온 도덕을 존중하지 않음으로써 젊은이들이 거짓말과 절도행위를 가리지 않고 자행하도록 했을 뿐만 아니라, 이런 일에 일말의 양심적 가책도 받지 않았습니다. 그의 제자들은 또 어떠했습니까. 그들은 건방지게도 자기들이 교육을 받지 못한 선조들보다 영특하다고 생각했습니다. 이런 생각이 어디에서 왔겠습니까? 소크라테스는 또 해서는 안 될 말을 했습니다. 현명한 젊은이들은 그들의 부모가 무지하기 때문에 자신들에게 해를 끼치지 않도록 부모들의 행동을 제지해야 한다고 말입니다. 그는 '무지'를 '마음이 텅 비어 있는 것'이라고 생각한 나머지, 그것을 정신병과 동일시했습니다. 결과적으로 그는 여러분들 모두를 정신병자로 취급했습니다!

그가 생각하는 가장 모범적인 사람과 부모는 올바른 것이 무엇인지를 아는 사람이라고 했습니다. 그런데 '올바르다'는 것, 그것은 오직 소크라테스 개인이 정한 기준에 의한 것입니다. 그래서 그는 그의 제자들과 그 제자들의 가정 사이에 쐐기를 침으로써, 그들과 가정 사이를 쪼개고 불화의 간극을 넓혀놓았습니다. 이런 상황에서 자식들을 낳아 그들을 먹여 살리는 아버지들이 어떻게 아버지의 자리를 제대로 지킬 수 있겠습니까? 몇 년 전에 우리가 겪은 세대 사이의 갈등은 전적으로 그가 책임져야 할 것입니다. 이런 일을 자행한 그가 우리 아테네를 위기에 빠트렸던 것입니다. 지금 우리는 이러한 위기로부터 벗어나고 있는 중입니다. 그런데 그는 이 일에 도움을 주기는커녕 오히려 방해만 해 왔습니다.

그는 평등의 원리에 따른 투표방식의 정당성을 인정하지 않았을 뿐만 아니라, 신들에 대한 우리의 믿음을 상징하는 조형물들을 조롱했으며, 다른 사람들도 자신처럼 그렇게 하도록 선동했습니다. 그는 충성스런 시민으로 자처하면서 민주적 선출 방식이 아테네에 해를 끼친다고 말했습니다. 그는 아테네를 책임질 사람들은 소수의 지식인들이라고 했습니다. 그런 것이 바로 과두정치 아니었습니까? 그가 오랫동안 스파르타 정권을 좋아했다는 것은 잘 알려져 있는 사실이 아닙니까? 그리고 소수 특권층이 누리는 소년 동성애를 권장함으로써 우리 사회에 좋지 않은 관습을 남기려 했습니다. 그는 그를 따르는 사람들이 우리 아테네인들의 전통적 생활방식을 따르지 않도록 했습니다. 그는 말뿐만 아니라, 행동으로도 이런 일에 모범을 보였습니다. 결과적으로 그는 그를 따르는 사람들이 시민으로서의 의무를 다하는 데 방해를 했습니다.

지금까지 나는 매우 일반적인 사항만 털어놓았습니다. 이제 좀 더 구체적인 이야기를 하겠습니다. 소크라테스는 알키비아데스와 크리티아스의 스승입니다. 알키비아데스가 그동안 어떤 일을 했는지는 여러분에겐 결코 새삼스런 일이 아닐 것입니다. 그는 폭력을 행사하는 참주가 되기를 갈망했던 사람입니다. 12년 전 그는 과두파들이 반란을 일으키도록 선동했습니다. 여신 디메터와 그녀의 딸 페르세폰에게 바치는 성스러운 제사에서도 불경스러운 짓을 했습니다. 헤르메스 상을 파괴한 일도 그가 조종한 일이었을 것입니다. 알키비아데스는 우리가 전쟁을 할 때, 그의 능력으로 보아 충분히 우리에게 도움이 되는 일을 했을 텐데, 그것과는 반대로 스파르타와 페르시아로 망명하여 그 나라들을 도와주었습니다. 그는 불경을 저지르는 일을 조정한 괴수로서 저주를 받아 추방당한 사람이었는데도 불구하고, 여러분의 자비로 아테네에 다시 돌아올 수 있었습니다. 그럼에도 불구하고, 그의 야심은 다시 살아났고, 여러분은 그를 다시 추방하지 않을 수 없게 되었던 것입니다. 알키비아데스, 그는 전쟁 동안 우리 아테네인들이 당한 모든 고통을 책임져야 할 사람입니다.

크리티아스는 또한 어떻습니까? 그가 주모자 노릇을 한 가공할만한 사건들은 최근에 일어난 것들이어서 여러분들에게 그것을 구태여 기억시켜드리려고 애쓸 필요는 없을 것입니다. 아시다시피 크리티아스는 우리 아테네를 스파르타의 속국으로 만들려고 했습니다. 그는 민주주의를 추구하려던 과거를 깨끗이 청산하고, 자신의 계략대로 아테네를 이끌려고 했습니다. 이를 위해서 그는 무자비하게 1,500명이나 되는 무고한 시민들과 이주민들을 죽였을 뿐만 아니라, 추방시킨 사람들의 재산까지도 몰수했습니다. 그래서 건전한 양심과 정신을 가진 모든 아테네인들은 이에 맞서 대항하지 않았습니까? 그런데 이러는 동안 소크라테스는 무엇을 했습니까? 그는 분명히 아테네에 있었습니다. 그는 그런 광경을 팔짱을 끼고 바라다보고만 있었습니다. 크리티아스가 아테네인들을 다른 곳으로 내쫓고, 그들의 재산을 갈취하며, 그들의 친족들을 살해하는 모든 광경을 말입니다. 그런데도 그는 보고만 있었다는 이야기입니다. 왜 그런지 아십니까? 크리티아스가 그의 제자였기 때문이었습니다. 여러분은 크리티아스가 생각한 것 가운데 대부분의 것이 그의 스승에게서 물려받은 것이라는 것에 새삼 놀라지 않을 수 없을 것입니다.

소크라테스는 분명히 자신은 가르치는 사람이 아니라고 말할 것입니다. 그래서 그는 결코 알키비아데스도 크리티아스도 가르치지 않았다고 괴변을 늘어놓을 것입니다. 그는 이를 입증하기 위해서 가르치는 사람이 받는 대가를 받은 일이 없다는 것과, 그 결과 자신이 얼마나 가난하게 살았는지를 생각해 보라고 할 것입니다. 그가 가난하게 살았다는 것은 단지 그가 입고 다닌 남루한 옷가지를 두고 하는 말일 것입니다. 소크라테스는 아마도 여러분에게 다음과 같은 괴변을 또 늘어놓을지도 모릅니다. 가르치는 사람이란 어떤 경우에도, 그가 가르친 사람의 잘못된 생각이나 행동 때문에 꾸지람을 받아서는 안 된다고 말입니다. 그는 또 이런 말을 할 것입니다. 자신의 생각은 결코 파괴적이거나 무신론적인 것이 아니라고 말입니다. 그리고 아테네에는 자신보다 더 도덕적이거나 올곧은 사람이 없을 거라고도 말입니다. 이를 증명하기 위하여 내가 일부러 장황설을 늘어놓을 필요까지는 없을 것입니다.

그러나 알키비아데스와 크리티아스가 그들의 스승과 유사한 생각을 가지고 있다는 것은 우연의 일치가 아니지 않습니까? 그들의 생각이 아무 것도 없는 데서 낚아채 올 수 있는 것은 아니지 않습니까? 가르치는 사람이란, 소크라테스를 포함하여, 단순하게 '사실이 어떤 것'인지를 가르치는 사람이 아니라, 사상과 신념까지를 가르치는 사람이며, 이런 이유에서 가르치는 사람은 당연히 가르친 사람들의 생각도 책임져야 하지 않겠습니까? 만약 소크라테스가 이를 부인한다면, 그것은 보통 사람들로서 우리가 믿는 것을 거부하는 또 다른 괴변을 늘어놓는 경우가 될 것입니다.

아테네 정부가 미운털이 박힌 사람들을 내쫓을 때, 소크라테스도 그들과 함께 엘에우시스 지역에서 유배 생활을 했다면, 그가 저지른 죄악의 책임이 어느 정도는 감면될 수도 있었을 것입니다. 그런데도 그는 그런 것을 받아들일 만큼 마음의 여유를 갖지 못했습니다. 만약 그랬더라면, 이와 같이 고발을 당하여 법정에 서지는 않았을 텐데 말입니다. 그는 계속 고집을 부렸고 아테네에 남아 있었기 때문에 오늘 이 법정에 서게 된 것입니다.

그는 극형을 피할 수 없습니다. 만약 여러분이 이 사람을 극형에 처하지 않는다면, 그것은 정의로운 아테네에 해를 끼친 자의 악덕을 묵인하는 결과가 될 것입니다. 그리고 여러분은 머지않아 이 사람을 따르는 과두파가 자행하게 될 혁명을 막아내는데도 실패할 것입니다. 자 보십시오. 지금도 그는 그를 따르는 자 가운데 적어도 한 사람을 또 포함시키고 있을 것입니다. 크리티아스와 일가가 되는 젊은 플라톤 말입니다. 우리의 아들딸과 이 나라의 미래는 여러분들에게 달려 있습니다. 그 미래를 위해서 여러분이 할 수 있는 일이 있다면, 그것은 이 사람을 극형에 처해야 한다는 쪽에 표를 던지는 것입니다.

이 고발장은, 금세기의 한 역사가가 아니토스의 것을 상상하면서 여러 역사적 상황을 종합하여 재생시킨 것이지만, 짐작컨대 전해오지 않는 아니토스의 그것과 별 차이가 없을 것 같다. 그만큼 이 고발장은 당시의 옳고 옳지 않은 모든 상황을 샅샅이 파악하고 모아서 소름끼치도록 생생하게 꾸며냈다. 하지만 아니토스의 고발장은 어떻게 해서든지 소크라테스를 죽음으로 몰아가려고 그와 관련된 모든 것은 물론, 거기에 불확실한 온갖 추측과 과장까지 덧붙여 워터필드가 재생시킨 것보다도 훨씬 더 소름끼치도록 냉엄하게 꾸며냈을 것이다.

그런데 아니토스의 고발 내용은 물론, 그 밖의 것들에 대한 소크라테스의 변론은 어떠했을까. 배심원들의 양심을 질타한 그 변론은 수백 년 뒤 바울이 섰던 그 아레이오스 파고스 법정에 또박또박 울려 퍼졌다. 그 변론은 처음부터 끝까지 자신의 양심, 곧 다이몬이 시키는 대로였다고 했다. 그 양심은 항상 자신을 올바른 길로 이끌고 자신에게 항상 올바른 말만 허락한다고 했다. 그리고 그 끝부분에 이르러 이렇게 변론했다. '이제 나는 여러분으로부터 사형 선고를 받고 이 자리에서 물러나려 하지만 여러분은 진리로부터 악과 부정의 선고를 받고 물러날 것입니다.' 그들은 악과 부정이라는 비양심을 가지고 재판을 했다는 것이다.

소크라테스의 그 변론 전부는 제자 플라톤의 「변명」에 고스란히 실려서 지금까지도 우리의 양심의 문을 무겁게 두드린다. 「변명」은 소크라테스의 법정 변론이지만, 그것은 스승을 대신하여 온 천하에 전한 제자 플라톤의 변론이기도 하다. 아닌 게 아니라, 지금 우리가 플라톤의 이 「변명」을 읽다보면 이런 생각이 든다. 온갖 추측과 복수와 정치적 적대감으로 얼룩진 고발 내용과 이에 대한 소크라테스의 진솔한 양심의 대결이 얼마나 삶과 죽음 사이를 날카롭게 누비고 다녔으면 후세 사람들이 그 재판을 일컬어 '세기의 재판'이라 했겠는가라는 생각 말이다.

아니토스의 고발장에는 여러 가지 내용이 들어가 있을 것이다. 하지만 아마도 가장 핵심적인 것은 민주주의에 대한 소크라테스의 부정적

태도였을지도 모른다. 사실, 소크라테스는 민주주의를 일종의 중우정치라고 하면서 염려했다. 그것은 질적 요소가 전적으로 배제된 수-게임에 불과하다는 것이었다. 오늘날 '민주주의의 약점'에 대한 우리들의 토론 주제로도 자주 등장하지만 '겉 다르고 속 다른' 정치인들이 수사학과 웅변술을 동원하여 대중을 선동하고, 그 결과 심리적 회리바람에 이리몰리고 저리몰리는 대중들의 표로 나라 일을 맡길 통치자를 뽑는다는 것은, 이성을 신뢰하고 그 가치를 높이 든 소크라테스에게는 상상하기조차 힘든 일이었을 것이다. 민주주의는, 겉보기에 그럴듯할지라도, 그에게 있어서 그것은 수-게임 속에 숨어있는 포퓰리즘에 불과했다. 그에게 있어서 민주주의는 대중의 지혜가 우뚝하게 서지 않는 한, 한낱 허울 좋은 제도에 불과했다.

소크라테스는 '겉 다르고 속 다른 자들'의 선동에 의해서 이성적 판단이 방해를 받거나, 정치적 선이 아니라 정파적 이익과 인연에 따라 움직이는 표 때문에, 정치가 얼마나 정치 아닌 것이 되어 가는지를 절실하게 깨달은 사람이었다. 소크라테스가 항상 '정의란 무엇인가'라는 질문을 던졌던 것은 이처럼 이성의 빛을 잃은 다수의 횡포가 정의의 길을 가로막았기 때문이었다. 소크라테스가 염려한 이 '정의'는 그 뒤 그의 제자 플라톤이 각색한 「국가」의 주제가 되었다.

이런 것을 '운명'이라고 해야 할지 모르겠다. 소크라테스는 그가 항상 걱정했던 그 '어리석은 대중'의 손에 의해서 결국 유죄 판결을 받았다. 게다가 그가 그토록 염려한 그 수-게임에 의해서 그는 죽음을 맞이하게 되었다.

투표 결과로서 유죄를 택한 280표와 무죄를 주장한 220표 사이의 차이는, 질을 고려하지 않는 양의 세계에서는, 소크라테스에게 독배를 건

네기에 충분한 수-게임이었다. 수-게임으로 삶과 죽음 사이를 가르는 일에 신은 어느 편에 설지 묻고 싶은 심정이다.

어떻든 소크라테스가 생의 마지막에 그가 그토록 염려한 어리석은 대중의 수-게임과 마주친 것은 참으로 묘한 운명이었다. 그는 일찍부터 이런 운명을 예감했을지도 모른다. 하지만 이런 운명을 일찍부터 감지했다면, 그것은 틀림없이 소크라테스와 같이 신의 세계에 가까이 간 자만이 가질 수 있는 혜안이었을 것이다. 이성의 길을 따르다 그 마지막 단계에서 만난 이 비이성적 운명을 우리는 이성의 승리라고 해야 할 것인가, 아니면 패배라고 해야 할 것인가. 영 판단이 서지 않는다.

아름답고 선한
영혼의 사랑

법정에서조차 소크라테스는 이성의 빛을 따라 자신의 대화법을 펼쳐 나갔다. 그러나 이성적인 것보다는 선동적이고 비이성적인 것에 익숙한 대중들의 귀에 그런 이성의 맥이 감지될 리 없었을 것이다. 그는 결국 비이성적 무리들이 두들기는 포퓰리즘의 장단에 따라 공희供犧의 제물이 되었다.

법정은 유죄선고가 내리기에 앞서 소크라테스에게 ‘변명’의 기회를 주었다. 그러나 그에게는 ‘변명’할 것이 따로 없었다. 형량을 줄여달라는 간청도 그에겐 어울리지 않았다. 그가 할 수 있는 말이라곤 그들이 알아들으려 하지 않는 말 뿐이었다. “평생을 최고선이 무엇인가를 추구한 나에게는 벌이 아니라, 상을 내리는 것이 마땅치 않겠느냐”고 했다. 그 상이란 다른 것이 아니라, 영빈관迎賓館에 머물게 하면서 자신에게 유죄 표를 던진 대중들을 훈계하는 데 필요한 여유 있는 시간이라고 했다. 이런 것이 아니라 하더라도, 가난한 선행자라는 명목으로 자기를 당

분간 영빈관에 머물게 할 수도 있지 않겠느냐고 했다.

소크라테스는 진실로 가난한 자였던 모양이다. 그는 평생 보통 사람들이 누릴 수 있는 삶도 못 누렸다고 했다. 그는 돈벌이라든가, 살림살이에는 관심이 없었고, 군대를 지휘한다든가 정치 활동을 한 적도 없다고 했다. 그밖에 벼슬자리에 앉은 적도, 당파에 들어간 적도 없다고 했다. 뿐만 아니었다. 그는 어느 누구에게도 일부러 옳지 못한 일을 한 적이 없다고 했다.

소크라테스는 배심원들이 자기에게 이런 종류의 형벌을 내릴지도 모른다고 했다. '소크라테스여, 우리에게서 떠나면 제발 입을 다물고 조용히 지내시오'라고 말이다. 그러면서 자신을 다른 지역으로 유배시킬지도 모른다는 것이었다. 그러나 그는 그것을 따르지 않겠다고 했다. 외딴 곳에서 입을 다물고 조용히 지내는 것은 신의 명령을 따르는 것이 아니라고 했다. 델포이의 신탁을 생각나게 하는 대목이다.

소크라테스는 죽음의 길을 택했다. 법정이나 전쟁터에서는 온갖 수단을 동원하여 죽지 않으려고 꾀를 부려서는 안 된다고 했다. 「변명」에 이런 말을 남겼다.

> 이제 나는 여러분으로부터 사형선고를 받고 이 자리에서 물러나지만, 여러분은 진리로부터 악하고 불공정한 심판을 했다는 선고를 받고 물러날 것입니다. 나는 불공정한 여러분의 판결을 따르고, 여러분은 진리가 내리는 엄중한 판결을 따라야 합니다.

이성과 진리를 거역하지 말라는 꾸지람이었다. 소크라테스의 이 시니시즘 속에는 무슨 뜻이 깔려 있을까. 그것에 깔려 있는 것은 분명 자신은 '어리석은 대중'으로부터 심판을 받았으니, 그 심판의 결과 또한 어리석고 믿을 수 없는 것인 반면, 어리석은 대중은 진리로부터 심판을 받을 테니 그들의 죄는 결코 피할 수 없는 것이 될 것이라는 가공可恐할 만한 복수의 해학諧謔이었다. 그것만이 아니었다. 소크라테스의 이 시니시즘에는 '어리석은 대중'은 진리의 심판을 받고, 아름답고 선한 사람은 어이없게도 '어리석은 대중'의 심판을 받는다는 웃지 못할 패러독스도 들어 있다. 시니시즘치고는 세기의 재판에서나 볼 수 있는 혁세赫世의 희괴稀怪다.

시니시즘

냉소주의라는 의미를 갖는 시니시즘kynismos은 고대 아테네에서 견유학파Cynics라 일컫던 철학자들의 생각을 나타내는 말이다. 디오게네스가 그 대표적 철학자다. 시니시즘을 뜻하는 그리스어 kynismos키니스모스는 '개'를 뜻하는 그리스어 키온kyon에서 왔다. '개'는 사회와 건강과 가족과 돈에 아랑곳하지 않을 뿐만 아니라, 오히려 그것들에 짙은 냉소를 던지는 팔자 좋은 존재라고 생각했다. '개 팔자'라는 말이 있듯이, '개'를 '팔자 좋은 존재'로 보는 것은 동서에 차이가 없었다.

디오게네스의 화신인지 아직도 아테네의 아크로폴리스에는 팔자 좋은 개들이 많았다. 저자가 아크로폴리스에 올라가 있는 동안 몇 마리의 누렇고 덩치 큰 개들이 저자를 어슬렁어슬렁 따라다녔다. 환생한 디오게네스를 보는 듯하여 마음이 섬뜩했다.

개의 특성이 그렇듯이, 견유학파들은 개인의 영달을 귀찮게 여겼다. 그들은 부와 명예와 권력에 대하여 '냉소적cynic'이었다. 그런데 그 대가로 그들이 받은 것은 무엇이었는가? 사회적 관습으로부터 자유로워지는 것이었다. 그들은 디오게네스가 자연인으로 돌아가 통 속에서 살았듯이, 세상 것에 아랑곳하지 않고 자족하면서 자연의 이법에 따라 살았다.

소크라테스 제전祭典

　유죄 판결이 내려진 뒤, 소크라테스는 이제 올바른 길로 들어서게 되었다고 했다. 그 길이 올바르다고 할 수 있는 증거가 있다고도 했다. 그것은 자신이 지금 선택하고 있는 것을 자신의 안에서 들려오는 이성의 소리, 곧 다이몬이 거역하지 않고 있다는 것이다. 그는 평소에도 자신이 하려는 것이 부당할 경우에는 늘 이 이성의 소리가 그것을 가로막았다고 했다. 자신이 재판을 받으러 오는 길도, 법정에서 하고 있는 말도, 그 이성의 소리가 막아서지 않았다는 것이었다. 이로 미루어보아 자신에게 지금 일어나는 일은 분명 좋은 것에 해당된다고 했다. 더욱이 그가 지금 죽음의 길을 택하고 있는데도, 그 이성의 소리가 가로막지 않으니, 자신의 선택은 옳고도 선한 것이 아니냐는 것이었다. 그는 진정 이성을 사랑하여 이성을 나누어 가진 사람이었다.

　소크라테스는 자신의 죽음이 두 가지 점에서 유익하다고 했다. 하나는 만약 죽음이 영혼의 영원한 소멸消滅을 의미하는 것이라면, 그것은 지금같이 악몽에 시달리는 것에서 벗어나 편안하게 잠을 자는 이득을 얻는 것이 되고, 다른 하나는 만약 죽음이 이 세상에서 다른 세상에 들어가는 불멸의 문턱이라면, 그것보다 더 좋은 일은 세상에 없을 것이라고 했다. 왜 그러냐 하면, 그 세상에서는 이승에서처럼 스스로 재판관이라고 말하는 사람들이 아닌, 참다운 재판관들을 만나게 되고, 그들과 더불어 지금 자신이 받는 재판이 얼마나 불공정한가를 논하는 진정한 대화를 나눌 수 있을 것이기 때문이라고 했다. 또한 그들과 더불어 누가 진정으로 지혜롭고, 누가 지혜로운 체 하면서 사실은 그렇지 않은지를 묻고 따지는 일에 몰입할 수도 있게 된다는 것이었다. 그것을 소크라테

스는 무한의 행복이라 했다. 그런 세상에서는 진정으로 디알렉티케의
사랑에 빠져들 수 있지 않겠냐는 것이었다.

소크라테스에게 있어서 죽음은 육신의 장애를 벗어나는 중요한 과정
이었다. 「파이돈」은 소크라테스가 독배를 마시기에 앞서, 그의 두 제자
들에게 죽음의 의미를 가르치는 광경을 보여주고 있다.

소크라테스의 가르침은 먼저 시미아스를 향했다. 그는 우선 이승을
떠나는 것은 슬픔과 비통함이 아니라, 우선 영혼이 자유롭게 되는 것이
라고 말했다. 죽음은 영혼이 진리와 아름다움과 선함을 나누는 데 장애
가 되는 육신의 제약을 벗어나는 일이라고도 했다. 육신은 정신적 활동
을 방해하기 때문에 영혼이 아름다움과 참됨과 선함을 사랑하는 데 장
애가 된다는 것이었다. 그렇기 때문에 비록 이 세상에서도 영혼이 육신
의 제약을 벗어나는 수행의 과정을 거치지 않으면 늘 육신의 방해를 받
아 실패하기 마련이라고 했다. 그러므로 영혼이 육신을 떠나면 그만큼
자유로울 수 있다고 시미아스에게 가르친 것이다.

감각적 인식의 한계와 그로 인한 오인誤認이 아름다움과 선함과 참됨
그 자체를 관조하는 일에 장애가 된다는 생각은 일찍이 선인先人들이
깨우친 진리였다. 망령된 6근六根으로서 안이비설신의眼耳鼻舌身意에 의
존하는 6식六識의 세계를 벗어날 때, 비로소 아뇩다라삼먁삼보리阿耨多
羅三藐三菩提, 곧 최상의 깨달음에 이른다는 불가의 가르침이 새삼 떠오
르는 대목이다.

시미아스를 향한 가르침은 계속되었다. 육신의 제약에서 벗어나 영
혼이 자유로워지는 것을 소크라테스는 영혼의 정화淨化katharmos라고 가
르쳤다. 영혼이 정화되려면, 일상에서도 수행을 통하여 적멸寂滅에 들
어야 하고, 적멸에 들면 순수 인식에 이르게 되는데, 이 상태가 완전하

게 되는 것이 죽음이라고 했다. 그렇다면 그가 독배를 마시는 것은 형벌이 아니라, 자신을 완벽하게 정화하는 일이라는 뜻이 된다.

일상에서도 '죽음'처럼 적멸에 들어선다는 것은 가장 순수한 인식의 세계에 드는 수행의 하나일 것이다. 적멸에 들 때, 비로소 인간은 육신의 제약을 벗어나고 그 욕정을 잠시나마 누를 수 있을 테니, 그때 부질없는 인간의 욕정이 가라앉고 순수 인식이 어느 정도 가능해질 법도 하다. 영혼의 정화다. 예부터 수도자들이 심산유곡深山幽谷에 드는 것도 이런 때문일 것이다.

소크라테스는 다시 시미아스에게 말했다. 인간이 아무리 거스르고 또 거스르려고 해도 거스를 수 없는 이성의 길을 따르기 위해서는, 우선 오인과 오해와 같은 환상으로부터 벗어나야 한다고 했다. 영혼의 정화는, 마치 종교에서 그렇게 하듯이, 그리고 소크라테스가 디알렉티케의 사랑에서 보여주었듯이, 이성의 길을 걷는 데 요구되는 필요조건이었다. 그래서 영혼이 정화되지 않은 사람이 다음 세계에 들면, 그 사람은 이승에서의 수행이 부족하여 다시 진흙탕 속을 헤매는 꼴이 되는 반면, 영혼이 정화된 사람은 이성으로 구비된 영혼들과 더불어 아름다움과 참됨과 선함을 사랑하는 삶을 살게 될 것이라고 했다. 그런 영혼만이 신들의 속성을 가지고 산다는 뜻이다. 신들의 속성을 가지고 살기 위해서는 우선 영혼이 정화되어야 하니, 그렇게 되기 위해서는 수행을 하는 이승의 시간도 그만큼 길어야 할 것 같다.

소크라테스가 시미아스에게 가르친 영혼의 정화는 결국 사랑의 극치를 두고 한 말이었다. 이것은 소크라테스가 평생을 통해서 닦아 온 사랑의 전형이다. 그렇기 때문에 그는 평생 같은 꿈을 꾸었다 했다. 그리고 그 꿈에서 들어 온 목소리가 있었다고 했다. '소크라테스여, 학문에 힘쓰라, 그리고 그것을 일으켜 세워라.' 올림픽 경기장에서 관중의 박수 갈채가 선수들의 힘을 기르듯, 그 꿈은 소크라테스 자신에게 힘이 되었다. 그 학문은 철학, 곧 '지혜의 사랑'이었고, 또 다른 말로는 '플라토닉 러브'였다. 그러나 지혜의 사랑도 이승에서는 육신의 제약을 받으니, 그 것은 이승의 모든 수행이 끝나고, 영혼이 육신의 방해를 받지 않는 날, 비로소 그 절정에 달하는 듯싶다. 그런데 그것을 불가에서는 열반涅槃, 곧 니르바나nirvana라 했던가. 인간의 생각과 생각 사이에는 동서東西의 차이가 없어 보인다.

소크라테스가 시미아스에게 죽음에 대해서 가르치고 있는 동안 옆에서 듣고 있던 케베스가 스승에게 물었다. "선생님, 선생님의 말씀대로라면, 그런 일은 육신이 죽은 뒤에도 영혼이 살아 있어야 되지 않겠습니까?" 소크라테스가 케베스에게 대답했다. "그러하네. 그런데 '추함'의 반대 개념이 무엇인가? 그것은 '아름다움'이 아닌가. '그릇됨'의 반대는 '올바름'이며, '거짓'의 반대는 '참'이고, '불의'의 반대는 '정의'가 아니겠나? 그렇다면 '죽음'의 반대는 무엇인가?" 물론, 지혜로운 케베스는 "'죽음'의 반대는 '삶'입니다"라고 했다. 소크라테스가 말했다. "그러하네. 그런데 그것이 무슨 뜻인지 알겠나? 만약에 어떤 것이 '좋은 것'이 되었다면, 그것은 '나쁜 것'이 그렇게 된 것이 아닌가?" '나쁜 것'에서 '좋은 것'이 온다는 뜻이었다. 그래서 이 논법에 따르면 '죽음'에서 '삶'이 온다는 것이었다. 소크라테스는 모든 것이 이와 같은 방식으로 사라지고 생겨난다고 했다. 반대되는 개념에서 반대되는 개념이 생겨난다는 것은 헤겔이 말한 역사적 변증법과 통한다. 그래서 우리는 여기에서 소크라테스를 따라 이렇게 말할 수 있을 것이다. 삶에서 죽음이 오고, 다시 죽음에서 삶이 온다'고 말이다. 이른바 영혼의 회귀설이고 불멸설이다.

‘반대되는 것에서 반대되는 것의 생성’은 마치 자연수의 행렬이 그렇듯이 무한히 진행되는 존재의 법칙인 셈이다. 홀수에서 짝수가 오고, 짝수에서 다시 홀수가 오는 연속적 진행과 같은 모형 말이다. 영원의 세계로 미끄러져 들어가는 이 죽음과 삶의 윤회輪廻는 존재하는 모든 것이 어쩔 수 없이 타고 갈 멈추지 않는 ‘큰 수레바퀴大乘’일 것이다.

아닌 게 아니라, 죽음은 삶의 반대고, 삶은 죽음의 반대라는 이 논리에서 보면 삶과 죽음은 서로 나누어질 수 있는 것이 아니다. 죽음으로부터 삶으로, 삶으로부터 다시 죽음으로 이어지는 이 무한의 과정에서 ‘삶’과 ‘죽음’은 원래 따로 있는 것이 아니니 말이다.

소크라테스는, 그가 오랫동안 닦아온 수행의 결과가 컸으니, 무죄선고를 받기 위해 이성의 틀에서 벗어나면서까지 정치적 선동과 위선에 아부할 리 없었을 것이다. 게다가 그는 비이성적인 것에 지배당한 고발인들과 이에 속아 넘어간 유약한 배심원들의 마음속도 빤히 들여다보았을 테니, 그들 영혼의 유약성과 비겁함도 훤히 꿰뚫었을 것이다. 그는 연민의 정으로 이승을 뒤돌아볼 순간도 허락지 않고 아폴론이 그에게 예비한 길로 들어섰다. 그리고 마지막으로 이런 말을 남겼다. “여러분은 삶의 길로 가시오. 나는 죽음의 길로 갑니다. 어느 길이 더 좋은 길인지는 아무도 모릅니다. 오로지 신밖에.” 플라톤이 「변명」에 옮겨 적은 소크라테스의 마지막 말이다.

소크라테스가 신에게 자신을 바치는 공희의 제물이 됨으로써 우리 인간 세계에 두고 간 것은 무엇인가. 그것은 신의 것이 인간의 것이 되는 신비였다. 소크라테스의 죽음, 그것은 신이 회환回還하는 모습이었다. 신의 회환은 신의 속성이 인간의 것, 곧 인격화incarnation되었다는 뜻이다. ‘소크라테스에게 있어서 죽음이란 무엇인가’에 대한 답이다.

▲ 소크라테스의 죽음(작그 루이 다비드 작, 1787)

소크라테스의 죽음은 인간 소크라테스가 델포이의 신 아폴론을 사랑하여 그의 속성, 곧 이성의 덕을 나누는 마지막 단계였다. 신과 인간의 사랑이 이루어지는 이 지극한 광경을 보니, 인간이 신을 만들고 그 신이 다시 인간이 되는 밀의密意가 이루어지는 순간을 엿보는 것 같아 민망스럽기 그지없다. 하지만 소크라테스가 걸어간 길은 덕으로 구성된 신들의 세계고, 덕은 영원한 것이니, 그가 그 덕을 '사랑을 통하여 나눔 loving to share'은 영원히 사는 것을 뜻하는 것이 아닌가. 이렇게 보니, 그에게 있어서 삶과 죽음의 갈림은 원래 없었던 것으로 보인다.

신들의 회환

　고대 그리스 철학자들은 불확실한 것에서 무엇인가 확실한 것을, 혼돈에서 무엇인가 질서 있는 것을 좇는 데 주력했다. 이성에 바탕을 둔 합리적 기틀은 이렇게 마련되었다.

　그리스 철학에서 합리주의가 그 틀을 갖추게 된 것은 소크라테스와 그의 제자 플라톤의 업적에 의해서였다. 그들은 인간 사고에 합리적 기틀을 마련한 위대한 교육자들이고 철학자들이었다. 역사철학자 헤겔은 이런 결과를 보고 그의 「법철학」에 '미네르바의 올빼미는 황혼에 날개를 폈다'는 글을 남겼다. 인간 이성이 오랜 기다림 끝에 날개를 펴고 비

▼ 소크라테스 감옥

상飛翔을 시작했다는 이야기다.

아크로폴리스 박물관 입구에 날개 부러진 올빼미 한 마리가 앉아 있다. 보는 이의 마음을 애틋하게 한다. 세월이 가면 웅장했던 인류의 꿈도 역사의 한 조각이 되어 뒷사람들에게 이런 저런 생각을 하게 하는가 보다.

고대 그리스에서 이성이 날개를 펴고 날게 된 것은 참으로 긴 세월이 지난 뒤, 그리고 온갖 우여곡절을 거치고 난 뒤였다. 숲 속의 올빼미는 알에서 깨어난 뒤 얼마 안 되어 날지만, 인간 이성의 '올빼미'는 날개를 펴는 데 그토록 오랜 시간을 필요로 했던 모양이다. 인류 문화가 여명을 뚫고 온 누리에 그 빛을 비춘 뒤, 참으로 오랜 세월이 지난 뒤, 그 빛이 다시 시들어 황혼으로 부스러질 즈음에서야 인간 이성은 비로소 그

▼ 아크로폴리스 박물관 입구의 날개 부러진 올빼미

날개를 펴기 시작했다.

고대 그리스에는 신들이 많았으니 신전이 많을 수밖에 없었다. 제우스 신전, 아폴론 신전, 파르테논 신전, 포세이돈 신전 등 이루 헤아릴 수 없다. 그러나 그들이 서 있던 자리에 지금은 그 잔해들만 이곳저곳에 흩어져 있을 뿐이다. 그런데 그 신전에 살던 신들은 모두 어디로 갔는가.

인간이 신을 만들고, 그런 뒤에 신이 인간을 만들었다. 그동안 인류는 신들의 이미지에 지혜와 정의와 아름다움과 참됨과 선함과 같은 염원을 담았고, 그 염원이 어떤 방식으로든 우리 인류에게 돌아오길 진실로 바랐다. 그것은 사랑을 통해서였다. 소크라테스가 보여준 것처럼 우리는 자주 신전을 찾았고, 신들에게 자신의 염원이 이루어지기를 간절히 바랐던 것이다. 그리고 이제 그 신들은 결국 인간과 하나가 됨으로써 인간으로 회환했다고 해야 할 것 같다. 신과 인간의 사랑의 결과다.

신들이 존재하기 이전에 벌써 인간은 '정의'와 '지혜'와 '아름다움'과 '선함'과 같은 것들을 염원했을 것이다. 그리고 신전을 지어놓고 사랑의 신 에로스처럼 우리는 신 앞에 정의로움을 사랑했고, 지혜로움을 사랑했으며, 아름다움을 사랑했고, 선함을 또한 염원했을 것이다.

그런데 어느 때부터인가 우리 인간은 신의 속성인 '정의'와 '사랑'과 '용기'와 '절제'와 '지혜'와 '선함'과 '아름다움'을 우리 인간의 삶 속으로 나누어 올 수 있게 되었다. 신의 속성이 우리의 삶에 체화體化되었다는 뜻이다. 아폴론의 속성이 소크라테스를 통해서 인격화되었듯이 말이다.

인간이 신을 만들고 그 신이 다시 그를 만든 인간에게 돌아왔다는 것은 참으로 아름다운 이야기다. 신을 만든 뒤, 인간들은 진실로 오랫동안 신들의 회환을 기다렸을 것이다. 그런데 그 신들의 회환이 이루어진 뒤, 인간들은 지금 그들이 만든 신과 신전을 두고 무슨 생각을 하고 있을까.

▲ 아테네 아고라의 제우스 제단

지금 아테네 아크로폴리스에 서서, 한때 혼돈의 소용돌이였던 아고라를 내려다보고 있노라니, 갑자기 한 가닥의 신기神氣가 온몸을 에워싸는 듯 소름이 끼친다. 그것은 지금 이 순간에도 살아 움직이는 신의 속성인지, 아니면 역사의 싸늘한 바람결인지 분간하기 어렵다.

소크라테스가 독배를 마신 뒤, 아테네가 멸망한 뒤, 인류의 역사가 그 많은 우여곡절을 남긴 뒤, 이성의 승리를 위한 격전지 아고라는 지금은 저렇게 폐허가 되었고, 수많은 신들의 무덤이 되었으니, 역사는 참으로 우리에게 냉엄하다 할 것이다. 하지만 이 폐허의 자리에서 떠오르는 한 아름다운 이미지는 한 인간이 보여준 신에 대한 지극한 사랑이다. 그리고 그 신과 하나가 되어 그 신의 세계에 드는 모습이다.

플라토닉 러브
불멸을 향한 그 영혼의 비밀

고대 그리스에는 수많은 신들이 살고 있었다. 그런데 그 수많은 신들은 모두 어디로 갔는가. 아크로폴리스의 파르테논 신전에도, 그 아래 디오니소스 극장에도, 더 멀리 제우스 신전에도, 그리고 아테네의 북쪽 파르나소스 산에도 신들은 살고 있었다. 그런데 거기에 살던 신들은 모두 어디로 갔는가.

고대 그리스는 신들의 나라였다. 그러나 그 신들은 모두 어디서 왔다 어디로 갔는가. 인류 정신사에서 가장 근원적인 질문이다.

온 인류가 그랬듯이, 고대 그리스인들은 그들이 사는 세계가 도대체 어디서 와서 어디로 가는지를 설명하기 위해 신들을 만들었을 것이다. 뿐만 아니었다. 그들은 그들이 사는 세계가 마땅히 어떠해야 한다고 생각했고, 그것이 그들의 여망virtues이 되었으며, 이 여망을 신들에게 불어넣었을 것이다. 인류의 여망이 신들이 되었다는 뜻이다. 이른바 여망의 신격화다. 그리하여 그 신들의 세계는 지혜와 사랑과 절제와 선함과 아름다움과 용기와 정의와 같은 인간이 만든 덕德들로 구성되었던 것이다. 인간은 여망을 간추리고 다듬어 덕을 만들었고, 이와 어울리는 신들을 만들었다. 그리고 그들은 그 신들을 사랑했다.

인간이 신에게 덕을 불어넣었다는 것은 처음에 신화적 이야기였다. 하지만 진정으로 무수한 세월이 흐른 뒤, 그 신화는 인간의 적나라한 삶이 되었다. 아리스토파네스의 사랑의 기원처럼, 나누어진 것과 다시 결합하려는 인간의 열망은 신들을 사랑함으로써 그 신들의 세계를 인간의 세계로 회귀回歸시켰고, 그 결과로 인간은 신에게 부여했던 그 덕을 되돌려 왔던 것이다. 인간이 신을 만들고 그 신들이 인간이 되었다는 이야기, 곧 신들의 회귀에서 우리는 인간의 역사가 참으로 위대하다는 점을 읽어낼 수 있게 되었다.

그러나 이렇게 신들의 세계에서 되돌려온 덕들 앞에 지금 인간은 과연 무엇인가. 그 덕은 이제 신의 것이라기보다 인간의 것이 되었는데. 그래서 인간은 소크라테스가 보여주었듯이 그 덕들을 사랑하여 나누어 가짐으로써 그 덕들의 세계로 들어가야 하는데. 그런데 아직도 인간은 아테네 광장의 군상들처럼 사고의 무질서 속에서, 정파적 패거리의 비양심과 그 유치한 언어의 유희 속에서, 그리고 포퓰리즘을 부추기는 굿판의 장단에 맞추어 광란의 춤을 추고 있다.

소크라테스가 걸은 디알렉티케의 길은 아폴론의 속성을 나누어 그것과 하나가 되려는 것이었다. 그는 이 과정을 통해서 인간 사고에 이성이 이끄는 합리적 질서를 부여하려고 했다.

그런데 우리가 합리적 질서를 나누어 가지면 진정 '아름답고 선한 곳'에 이르게 되는가? 포퓰리즘의 굴레에서 벗어나는 진정한 민주주의는 아직 망상에 불과한 것인가? 지금 이 순간 진정한 민주주의와 이를 열망하는 지혜의 사랑은 인류 역사의 진화를 방해하는 인간의 오욕汚辱에 의해서 짓밟히고 있지는 않은가? 이 글을 마치면서 다시 떠올려야 하는 왠지 석연치 않은 질문들이다.

이런 질문을 다시 던지는 것은 인간의 성정이 원래 신의 성정을 닮기에는 본래부터 미약하기 때문일지도 모른다. 그렇다면 우리는 고대 그리스인들처럼 인간의 여망인 그 덕들을 다시 신들에게 돌려주고 겸손하게 그 신들을 사랑해야 하는 것은 아닌가.

니체가 다시 생각난다. 자라투스트라가 산속 동굴에서 고독의 10년을 살았다. 그에겐 지혜가 가득 차 있었다. 그는 그 지혜를 인간들에게 나누어주려고 산을 내려오고 있었다. 신의 것을 인간에게 되돌려 주려는 것이었다. 도중에 약초 캐는 늙은 성자를 만났다. 그 성자도 자라투스트라처럼 한때 인간을 사랑했다고 말했다. 그러나 그런 생각이 이젠 사라졌다고 했다. 그래서 다시 신을 더 사랑해야 한다고 했다. 인간은 너무 불완전한 존재라는 것이었다.

그러나 자라투스트라는 인간에게 주어야 할 선물이 있다는 점을 잊지 않았다. 그때 성자가 다시 일깨워주었다. 인간들에게 아무것도 주지 말라는 것이었다. 자기 말이 의심되면 인간들이 그 선물들을 어떻게 하는지 한번 시험해 보라고 했다. 그 결과는 절망적일 것이라고 했다. 그러니 아예 인간들에게 가지 말고 신들과 함께 숲 속에 머물라고 했다. 차라리 짐승들이 더 나을지도 모른다고도 했다.

자라투스트라는 산허리를 계속 내려왔다. 뒤에서 성자의 소리가 다시 들려왔다.

자라투스트라는 들은 척도 하지 않았다. 그러면서 마음속으로 이렇게 대꾸했다.

자라투스트라는 마을로 내려와 군중을 향해 외쳤다. '나는 그대들에게 초인Übermenschen을 가르치러 왔노라.' 그는 인간이 초월해야 할 무엇이라고 가르쳤다.

그런데 초인이 되면 인간은 신에게서 가져온 덕을 자기 것으로 만들 수 있을 것인가. 그럴 법도 하다. 어차피 인간은 짐승과 초인 사이에 놓인 밧줄을 타고 있으니, 어느 쪽으로든지 움직이지 않으면 안 되지 않겠는가? 중간자로서 인간은 지혜와 무지 사이에서 그리고 초인과 짐승 사이에서 '무엇인가로 되어야 하는 존재'가 아닌가. 인간은 에로스처럼 무엇인가를 사랑해야 할 운명을 타고 난 존재가 아닌가.

덕과 신들의 세계, 곧 이성의 세계를 향한 소크라테스의 아름다운 행보는 숱한 뒷이야기를 남기면서 '합리주의'라는 거대한 서구 문명의 줄기를 펼쳐놓았다. 하지만 그런 가운데 그는 정치적 소용돌이 속에서 희생의 제물이 되어야 했다. 그것은 한편으로 제자들이 저지른 과오가 스승을 역사의 제물로 바치는 비운의 제전이기도 했다. 성공한 스승도 없고, 성공한 교육도 없다는 푸념이 하나의 진리가 되지 않을까 염려되는 묘한 기분이다.

어쨌든 소크라테스가 걸은 그 길은 누가 뭐래도 외롭고도 아름다운 득도의 길이었다. 신의 것을 사랑하여 그것을 인간에게로 가져오는 데는 그만큼 외로운 대가를 치러야 했겠지만, 그것은 또한 그토록 아름답기도 했다. 그것은 진정한 사랑의 역사였다. 그 사랑을 통하여 인류는 그들이 만든 덕을 신의 세계에서 인간의 세계로 나누어 왔다. 이제 인간은 그들이 만든 덕을 스스로 다듬어 자신들의 것, 자신들의 삶이 되도록 해야 한다. 진정한 사랑의 역사를 이어가기 위해서다. 그 사랑을 우리는 '지혜의 사랑'이라 하고, 플라톤이 만든 말이라 하여 '플라토닉 러브'라고도 한다.

그렇다. '플라토닉 러브'는 결국 신들에 대한 사랑을 의미한다. 신들은 정의와 사랑과 용기와 아름다움과 절제와 겸손과 지혜같은 것들이다. 인류는 이와 같은 신들을 만들고 사랑하여 그 속성을 나누어 가지려고 한다.

그런데 우리는 지금 이 '플라토닉 러브'의 완결판을 소크라테스의 삶에서 관조하고 있는 참이다. 이제 우리는 이 '플라토닉 러브'를 소크라

테스의 무덤에라도 올려놓아야 하지 않겠는가. 그는 그 죽음을 통하여
진정한 플라토닉 러브에 들었으니 말이다. 소크라테스의 죽음은 우리
에게 무엇인가. 신들은 모두 어디로 갔는가.

신들은 결국 인간으로 되돌아오게 되었다. 소크라테스가 보여 준 플
라토닉 러브를 통해서다. 그러고 보니, 플라토닉 러브, 그것은 불멸을
향한 그 영혼의 비밀이었다.

참고문헌

204 플라토닉 러브

Aristotle (1968) Categoriae (trans. E. M. Edghill), in *The Works of Aristotle*(ed. W. D. Ross) (Oxford University Press)

Benn, A.N. (1914) *The Greek Philosophers*(London: Smith, Elder & Co).

Cornford F.M. (1932) *Before and After Socrates*(Cambridge University Press).

Gaye, R.K. (1904) *The Plantonic Conception of Immortality and its Connexion with the Theory of Ideas*(Cambridge University Press).

Guthrie, W.K.C. (1950) *The Greeks and Their Gods*(Boston: Beacon Press).

Guthrie, W.K.C. (1962) *A History of Greek Philosophy,* vol. I, II, III, IV, V, VI (Cambridge University Press).

Harris, E.M. (1995) *Aeschines and Athenian Politics*(Oxford University Press).

Hughs-Hallett, L. (2005) *Heroes: Saviors, Traitors, and Superman - A History of Hero Worship*(New York: Anchor Books).

Kagan, D. (1991) *The Fall of the Athenian Empire*(Cornell University Press).

Jaeger, W. (1939) *Paideia*, I, II, III (trans. Gilbert Highet) (Oxford University Press).

Morford, M. and Lenardon, R.J. (1995) *Classical Mythology*(New York: Longman).

Nitzsche, F. (1956) *The Birth of Tragedy*(New York: Doubleday & Co).

Nitzsche, F. (1961) *Also Sprach Zarathustra*(München: Wilhelm Goldmann).

Nussbaum, M. (1986) *The Fragility of Goodness*(Cambridge University Press).

Parker, M. (1973) *Socrates and Athens*(Bristol Classical Press).

Plato (1888) *The Republic of Plato*(trans. B. Jowett) (Oxford: Clarendon).

Plato (1954) *The Last Days of Socrates*(trans. H. Tredennic and H. Tarrent) (Penguin Books).

Plato (1973) *Theaetetus*(trans. John McDowell) (Oxford: Clarendon).

Plato (1979) *Gorgias*(trans. Terence Irwin) (Oxford: Clarendon).

Plato (1989) Meno(trans. R.W. Sharples), in (eds. E. Hamilton and H. Cairns) *The Collected Dialogues of Plato*(Princeton University Press).

Plato (1989) Phaedo(trans. H. Tredenick), in (eds. E. Hamilton and H. Cairns) *The Collected Dialogues of Plato*(Princeton University Press).

Plato (1989) Crito(trans. H. Tredenick), in (eds. E. Hamilton and H. Cairns) *The Collected Dialogues of Plato*(Princeton University Press).

Plato (1989) Socrates' Defense(Apology) (trans. H. Tredenick), in (eds. E. Hamilton and H. Cairns) *The Collected Dialogues of Plato*(Princeton University Press).

Russell, B. (2009) *Philosophical Essays*(Routledge Classics).

Scolnicov, Samuel (1988) *Plato's Metaphysics of Education*(London: Routledge).

Steiner, George (2003) *Lessons of the Masters*(Harvard University Press).

Vernon, M. (2009) *Plato's Podcasts: The Ancients' Guide to Modern Living*(Oxford: Oneworld).

Waterfield, Robin (1994) *Symposium*(Oxford University Press).

Waterfield, R. (2009) *Why Socrates Died*(London: Faber and Faber).

Whitehead. A. (2007) *An Introduction to Mathematics*(Milton Keyines: Lightning Source).

Wilson, E. (2007) *The Death of Socrates*(Suffolk: Profile Books).

Xenophon (1990) Memoirs of Socrates, in *Conversations of Socrates*(London: Penguin Classics).

Xenophon (1990) Socrates' defence, in *Conversations of Socrates*(London: Penguin Classics).

Xenophon (1990) The dinner-party, in *Conversations of Socrates*(London: Penguin Classics).

조 무 남 ―――――――――――――――――――――――――――――――――

강원대학교 명예교수
런던대학교 교육과학원 교육철학과 졸업(철학박사)

「Knowing, doing and the moral mind」(박사학위 논문, 런던대학교 도서관 소장)
『앎과 삶 그리고 덕』
『Liberal Education & the Logic of Moral Language』
『교육학론』(2005 대한민국학술원 우수학술도서)
『영국교사교육제도』(2008 대한민국학술원 우수학술도서)
『교육과 사상의 발달』(2009 대한민국학술원 우수학술도서)
『교육으로 가는 철학의 길』

개정판

플라토닉 러브
불멸을 향한 그 영혼의 비밀

초판인쇄	2013년 12월 19일
초판발행	2013년 12월 19일

지은이	조무남
펴낸이	채종준
기 획	조현수

펴낸곳	한국학술정보(주)
주 소	경기도 파주시 문발동 파주출판문화정보산업단지 513-5
전 화	031) 908-3181(대표)
팩 스	031) 908-3189
홈페이지	http://ebook.kstudy.com
E-mail	출판사업부 publish@kstudy.com
등 록	제일산-115호(2000.6.19)

ISBN   978-89-268-5358-0 03160

이담 Books 는 한국학술정보(주)의 지식실용서 브랜드입니다.